MENTALIDAD DE GLADIADOR

Juan Miguel Bernat

Brief
Editorial

MENTALIDAD DE GLADIADOR

Juan Miguel Bernat

EditorialBrief • 2024

MENTALIDAD DE GLADIADOR
© Del texto: Juan Miguel Bernat
© De esta edición: Editorial Brief, 2024
info@editorialbrief.com
www.editorialbrief.com
Grupo Editorial Sargantana

Primera edición: agosto, 2024

Impreso en España

PEFC

Los papeles que usamos son ecológicos, libres de cloro y proceden de bosques gestionados de manera eficiente.

ISBN: 978-84-18641-48-0
Depósito legal: V-2933-2024

El único luchador que empieza la pelea con confianza es el que ha visto su propia sangre, el que ha sentido en sus dientes el puño del contrincante, el que ha sido tirado y golpeado, de cuerpo pero no de espíritu, el que tantas veces como se cae se vuelve a levantar, más desafiante que nunca.

Séneca

Índice

CAPÍTULO I

Golpe de realidad

Sé tu propio espectador.
Busca tu propio aplauso.

Séneca

Corría el minuto 60 del partido de fútbol que enfrentaba al Tarraconensis contra el Portuario FC cuando el entrenador del primero mandó calentar a Marcos. El Tarraconensis perdía por un gol a cero. Era el penúltimo partido de liga y el Portuario era un rival directo para conseguir la permanencia en la máxima categoría. La momentánea derrota que reflejaba cn ese momento el marcador confirmaba el descenso matemático del equipo de Marcos a la Segunda División del fútbol profesional. Si lograban la victoria, el equipo conseguiría depender de sí mismo en la última jornada de Liga.

Marcos jugaba de delantero centro. Era un futbolista alto, medía 1,90 metros, y de complexión delgada, pero con una musculatura fibrada. Tenía el pelo moreno y frondoso. Por los laterales lo llevaba prácticamente rapado y en la parte superior dejaba que creciera con volumen y ondulado hacia arriba. Su poderoso físico le permitía quedarse casi todos los balones que disputaba de espaldas a la portería. Cuando se hacía con el balón, lo protegía, pausaba el juego y conseguía devolverlo a sus compañeros para que pudieran organizar el ataque. Pese a su envergadura, no era lento de movimientos, ni mucho menos. Tampoco era torpe, y técnicamente podría considerarse como un buen jugador. Eso sí, lo que mejor tenía era su remate de cabeza. Dada su altura ganaba muchos balones por arriba, pero es que además disfrutaba con ese tipo de acciones e iba con todo siempre. Calculaba muy bien las trayectorias en los balones aéreos, tenía la capacidad de anticipar dónde acabarían cayendo y allí estaba él para, marcando muy bien los tiempos, enviar el balón al fondo de la red o cederlo a un compañero con un certero cabezazo. Tenía ya veintiséis años y, a pesar de no haber sido indiscutible en ninguno de los equipos en los que había jugado, seguía conservando un nombre de cierto prestigio. Era una eterna promesa del fútbol del país. Criado en la escuela de uno de los equipos más importantes, siempre había destacado y había marcado muchos goles en las categorías inferiores. Sin embargo, nunca llegó a confirmar toda su capacidad en el fútbol profesional. Había encadenado una cesión tras otra en equipos cada vez menos importantes. Su pasado y su halo de futura estrella hicieron que su equipo se resistiera a traspasarlo y esperase temporada tras temporada con la expectativa y el afán de que, por fin, estallase. Pero ese momento nunca llegaba. Finalmente, con veinticuatro años, en su club de origen desistieron y lo vendieron a un equipo destinado a vagar por los puestos medios de la tabla de la Primera División. Tras una temporada decepcionante allí, había recalado en el Tarraconensis, un club que peleaba por evitar el descenso. Podría decirse que su carrera iba bajando peldaños de realidad.

A falta de dos jornadas para el final del campeonato, la temporada no estaba siendo ni mucho menos buena. Marcos comenzó de titular y enlazó seis partidos seguidos con ese rol, pero sus goles no llegaron y, según decía él, «a los delanteros se les mide por el gol». Esa creencia que Marcos tenía totalmente interiorizada provocó que se fuera empequeñeciendo cada jornada que el balón no entraba en la portería

MENTALIDAD DE GLADIADOR

rival. Al final, en la séptima se cumplió su profecía y, como el gol no llegaba, lo hizo la suplencia. En ese momento Marcos se abandonó, permitió que la falta de resultados y de reconocimiento externo atacaran a su confianza en sí mismo. Encadenó varias semanas en las que, en lugar de conseguir que su cabeza tirase de él y le mantuviera en la lucha, permitió que le hundiera y se abandonase a su suerte. Se metió en una espiral en la que transmitía que le daba todo igual, como si el fútbol no le interesase. Con ese comportamiento, le dio todavía más motivos a su entrenador para seguir sin contar con él, y a los medios de comunicación para escribir sobre las que consideraban sus carencias y lo sobrevalorado que un día había llegado a estar como deportista.

En ese momento de la temporada Marcos ya no se consideraba a sí mismo un buen jugador de fútbol. A causa de su visión sobre sí mismo, cada vez que tenía la opción de disputar minutos sentía que el corazón le latía muy rápido y con mucha fuerza. Además, su respiración era muy agitada y notaba que se ahogaba en cuanto corría sus primeras carreras del partido. Incluso las piernas le fallaban y podía experimentar un exceso de tensión y hasta debilidad muscular. Por si eso fuera poco, cuando recibía el balón, le parecía que todo iba muy rápido, y esa percepción alterada le hacía decidir precipitadamente, muchas veces incluso pasando el balón al primer toque sin mirar hacia dónde ni a quién. Todo eso provocaba que, cuando salía al campo, no tuviera ilusión por obtener logros o disfrutar del juego, sino simplemente aspirase a cumplir, a no cometer errores graves, a que nadie pudiera ver «lo malo que era». Podría decirse que su objetivo, incluso, era el de pasar desapercibido. Visto así, cada partido era un sufrimiento. Su falta de confianza llegó a tal punto que incluso sentía que estaba engañando al equipo y a quienes le habían fichado, que era un auténtico fraude.

Marcos soñaba con el gol, pensaba que era el medio con el que coger confianza para poder liberarse de la presión. Sin embargo, no puedes librarte de algo interno mediante logros externos. Incluso cuando marcaba, su falta de confianza le hacía menospreciarse. El gol no era mérito suyo, al contrario, lo que se decía era: «Es que ya, si fallo esto, me tengo que retirar», «Es que me lo han dado hecho», «Bueno, es un gol, ya hablaremos cuando lleve siete...». Los procesos mentales de Marcos mostraban una continua insatisfacción consigo mismo proveniente de una gran flaqueza interior.

De vez en cuando hacía algún partido que él podría calificar como medio bueno, pero hasta en esas ocasiones no se sentía bien porque sabía que esos logros no llegaban gracias a que él hubiera hecho algo especial para mantener su confianza, sino porque el propio juego, el contexto del partido o el rival generaban situaciones que le permitían hacerlo bien, pero no porque él lo logrará con su mentalidad, insistencia o confianza en sus cualidades.

Cuando tocó fondo en el mes de noviembre, tras no jugar ni un solo minuto en tres partidos consecutivos, contrató a una psicóloga deportiva. En unas semanas entendió que tenía que tomar la responsabilidad sobre su estado emocional y no dejarlo al albur del juego y su rendimiento. Comenzó a centrarse en la tarea y a tratar de desligar su confianza del resultado. Consiguió poner toda su atención en el día a día y en dar el máximo en cada entrenamiento. Eso, a su vez, le permitió obtener una pequeña mejoría que le ayudó a mantenerse conectado al juego y al equipo. Llegados al penúltimo partido de liga, contaba con tres goles en su haber y esperaba, calentando en la banda, la llamada del entrenador para entrar al terreno juego.

En el minuto 80, Marcos observó cómo su entrenador le señalaba desde el banquillo y gritaba su nombre. Era la hora de entrar al campo. Su corazón se aceleró bruscamente y comenzó a notar una extraña sensación en las piernas. Redirigió la atención a la tarea. A lo que él podía aportar al equipo desde sus cualidades. Tocaba entrar al campo para ayudar al equipo a buscar el empate. No había objetivo individual. Marcos solo sabía que no quería jugar en Segunda División el año siguiente. No podía permitírselo. Y por eso se repitió a sí mismo que entraría a dar absolutamente todo lo que tenía. Todo. Con esos pensamientos saltó al terreno de juego en sustitución de un compañero.

En el minuto 85 Marcos tocó su primer balón. Lo recibió de espaldas cerca de la frontal del área, lo controló, lo protegió con el cuerpo y lo mantuvo pegado al pie, se hizo fuerte y descargó para un compañero que venía de cara y que, a su vez, realizó un pase en profundidad a otro que corría solo por la banda derecha. Marcos se dio la vuelta rápidamente y se dirigió hacia el punto de penalti para rematar el posible centro del compañero. Efectivamente, este centró el balón hacia la zona en la que él estaba. Marcos miraba el balón, sabía que llegaría antes que los defensas. Sabía que iba a rematarlo. Saltó, midió los tiempos a la perfección, tiró atrás la cabeza para golpear y...

PUUUUUUUUUUMMMMM

... sintió un fuerte golpe en su cabeza.

PIIIIIIIIIIIIIIIIII

Marcos oyó un pitido agudo y perdió el sentido.

CAPÍTULO II

Eres un gladiador

No deberíamos tener miedo a la muerte,
sino a no empezar nunca a vivir

Marco Aurelio

—¡Aaaaaaaaaaaah!

Marcos se despertó gritando y con el corazón a punto de salírsele del pecho. Estaba desorientado. Abrió los ojos y no pudo ver nada porque estaba en una habitación oscura. Pensó que se encontraba en su cama y había tenido una pesadilla, le dio cierta normalidad a la situación y, como sintió un intensísimo e insoportable dolor de cabeza, volvió a cerrar los ojos y se durmió de nuevo.

Sin embargo, a los pocos minutos oyó algo parecido a su nombre:

—Marcus, Marcus.

Marcos abrió los ojos y vio delante de él una cara que no reconocía.

—¿Eh? ¿Quién eres? ¿Dónde estoy? —preguntó sintiendo la cabeza a punto de estallar de dolor.

—¿Cómo que quién soy? Ja, ja, ja, ja. Veo que el golpe te afectó de verdad —contestó un hombre cuya cara le resultaba ligeramente familiar.

—El golpe... Sí. No me acordaba. ¿Dónde me dieron? No recuerdo nada. La última imagen que tengo es saltar a por el balón y a partir de ahí... nada. ¿Cuánto tiempo llevo durmiendo? ¿Estoy en un hospital?

—¿Balón? ¿Eso qué es? Incorpórate, por favor. Ponte de pie, Marcus.

—Me llamo Marcos. ¿Dónde estoy? ¿Quién eres?

Marcos se incorporó y dio un vistazo a su alrededor. Le pareció estar dentro de una habitación de una casa abandonada y a medio hacer. Tenía apenas cuatro metros cuadrados y no había nada en su interior más allá de lo que podría considerarse la cama donde estaba tumbado. Algo de luz entraba por la única ventana que había a la izquierda de la puerta de la habitación, frente a él.

—¿Dónde estoy? ¿Quién eres? —repitió en un tono de voz más alto.

—Estás en el *ludus gladiatorius*[1]. Volvimos ayer al acabar los *munera*[2]. Te golpearon fuerte en la cabeza en el último combate y perdiste el sentido. Por suerte combatiste muy muy bien, la gente te ama y el editor, a petición popular, permitió que sobrevivieras.

—¿Cómo? Pero ¿qué broma es esta, chicos? —Marcos se tocaba la cabeza y hablaba haciendo un gran esfuerzo y en un tono de voz bajo—. Venga, salid todos. ¿Cómo podéis bromear en un momento así? ¿Habéis avisado a mi familia? ¡Me duele mucho la cabeza, joder!

—Sal a tomar el aire, Marcus, y poco a poco lo verás todo con claridad. Tranquilízate.

—¡No me llames Marcus! Y di a los compañeros que salgan ya y acaben con la bromita.

---

1 Centro de entrenamiento de gladiadores.
2 Combates gladiatorios.

MENTALIDAD DE GLADIADOR

Marcos imaginaba que era una broma del equipo y que al salir donde le decía el hombre se encontraría a todos los compañeros e incluso a algunos familiares. Tenía un dolor de cabeza insoportable, como si su cráneo estuviera presionado y quisiera salir. Además, le dolía el cuello y sentía la necesidad de soportar el peso de la cabeza apoyando la frente en algún lugar. A pesar de ello, caminó rápido y decidido hacia la puerta de salida de la habitación deseando poner fin a toda aquella broma pesada.

Lo que encontró al salir le dejó sin respiración. La habitación daba a una especie de corredor porticado que permitía el acceso a otras salas o habitaciones a izquierda y derecha, y que se iluminaba con antorchas. Todavía no había amanecido. Al avanzar y cruzar dicho pasillo se encontró con una plaza rectangular de arena y, un poco más adelante, distinguió lo que parecía ser una especie de pequeña plaza de toros circular.

—¿Qué es esto, Dios mío? Estoy soñando... ¿Dónde demonios estoy? No tiene gracia, chavales...

—Cálmate, amigo —le dijo su interlocutor, que todavía no había revelado su nombre, cogiéndole por el hombro—. Sufriste un golpe muy fuerte y es normal que ahora no recuerdes nada. Todo irá volviendo poco a poco a su lugar.

Marcos empezó a hiperventilar, se ahogaba. Instintivamente agachó el cuerpo hasta apoyarse sobre las rodillas. También comenzó a marearse. De nuevo sentía que la cabeza le explotaba. Tuvo que tumbarse en el suelo.

—Recuerda tu entrenamiento, Marcus. Igual que vences a tus emociones en la arena, puedes dominarlas ahora. Toma el control de la respiración, ralentízala poco a poco, cierra los ojos y ve volviendo aquí. A este momento —sugirió el desconocido.

Marcos no dijo nada, pero hizo lo que le decía. Se tumbó boca arriba, se puso las dos manos sobre los ojos tapándose la cara y comenzó a controlar la respiración.

—¿Quién eres? —dijo gritando.

—Soy Lasio, tu *lanista*[3]. Llevamos ya dos años juntos desde que decidiste, libremente, unirte a nosotros. ¿Recuerdas?

—Pero... ¿qué dices?

—Y tú —continuó el hombre— eres el gran Marcus Liberto. El gladiador que hasta ayer no conocía la derrota y era adorado por el pueblo.

—¿Qué estás diciendo, abuelo? —Marcos hablaba ahora para sí mismo. No tenía intención de dialogar—. ¿Qué dice el loco este? ¿Qué está pasando? ¿Dónde estoy?

Su postura en el suelo cambió. Seguía tapándose la cara con ambas manos, pero ahora adoptó una posición fetal. A la vez que hablaba para sí mismo comenzó a llorar. Había algo dentro de él que le hacía sentir que era cierto lo que decía el tal Lasio. Una parte de sí mismo deseaba que fuera una broma de los compañeros, pero dentro sabía que no, que era cierto, que estaba en otra época, que estaba allí de verdad...

Sintió unas ganas de vomitar tremendas. Se incorporó apoyando manos y pies sobre el suelo, como un animal, y vomitó todo lo que llevaba dentro. Cuando acabó, volvió a tumbarse en posición fetal.

Lasio, que estaba de cuclillas a su lado, se levantó y se fue. Al cabo de unos minutos volvió con dos hombres. Marcos ni los vio porque seguía con la cara tapada por las manos. Sintió cómo lo levantaban y se lo llevaban de vuelta a la habitación. Lo dejaron en la misma posición fetal sobre la cama. Marcos no hizo ningún esfuerzo. No podía. Se durmió.

---

3   Entrenador de gladiadores.

MENTALIDAD DE GLADIADOR

CAPÍTULO III

Negación

Si un evento externo te causa malestar, no es el evento en sí el que te daña, sino tu juicio sobre él. Y tienes el poder de cambiar tu juicio.

Marco Aurelio

A mitad de mañana, Marcos se despertó debido a los gritos que provenían de fuera de su habitación. El dolor de cabeza continuaba, aunque no era tan insoportable como el de la noche anterior. Se incorporó despacio y se quedó sentado en el borde de la cama durante unos segundos. Volvió a tomar conciencia de dónde estaba, de que no había sido un sueño. Los rayos de sol entraban a través de la única ventana de la celda y pudo ver la habitación con más claridad.

—¿Cómo es posible? ¿Qué ha pasado? —se repetía una y otra vez mirando hacia las palmas de las manos abiertas.

Salió de la habitación y volvió a ver el pasillo porticado. Fuera de este, atravesando uno de los arcos del pórtico, la plaza rectangular. En ella, ocho hombres fuertes y atléticos vestidos con armaduras peleaban cuerpo a cuerpo con espadas que a Marcos le parecieron de madera. En otra zona algo más apartada, observó a otros ocho hombres que parecían estar haciendo levantamiento de peso; y, en una esquina, dos hombres más golpeando con espadas a una especie de poste o palo clavado en el suelo.

Volvió sobre sus pasos y entró de nuevo al pasillo porticado. Se sentó apoyando la espalda en una de las paredes, los brazos sobre las rodillas, la cabeza sobre las manos y mirando hacia el suelo. Era como si los ojos no quisieran ver. Sentía la necesidad de taparse la cara permanentemente y a su vez sujetarse la cabeza para que no cayera al suelo.

Oyó lo que parecía ser el rugido de un león. Giró la cabeza a su izquierda y, efectivamente, observó a Lasio con dos personas más que tiraban de un león atado y lo introducían en una especie de celda situada a unos sesenta metros de la suya.

—¿Pero qué es esto, Dios mío? —se dijo en voz alta.

—¡Marcus, enseguida estoy contigo! —gritó Lasio al verle apoyado en la pared.

Marcos se fijó con más detenimiento en él. Parecía un hombre de más de cincuenta años de edad. Era calvo excepto por los laterales de la cabeza, donde tenía bastante pelo que incluso le cubría parte de las orejas. El pelo era negro. Tenía una cara amable, redondeada. No era tan alto como él, calculaba que mediría alrededor de 1,70 metros, pero tenía unos hombros y unos brazos muy fuertes. Iba vestido con una toga marrón sin mangas que le llegaba hasta las rodillas y Marcos pudo apreciar que también las piernas estaban muy musculadas, con unos gemelos poderosos.

—¿Cómo estás? Anoche llegué a pensar que te había sobrevenido la locura.

—Sigo sin saber dónde estoy ni quién eres. —Marcos ya no se esforzó en pedirle que le llamara por su nombre, tenía otras cosas más preocupantes y prioritarias en mente.

—Ya te lo dije ayer. Eres un gladiador y estás en el *ludus*.

—Estás loco.

Marcos se levantó para salir de allí hacia la calle, pero Lasio lo frenó con una mano firme sobre su pecho.

—No vas a ningún lado, amigo.

MENTALIDAD DE GLADIADOR

—Me habéis raptado, hijos de p... Ahora lo entiendo. No pasa nada, ¿qué queréis? ¿Habéis contactado con mi familia? Os pagarán lo que pidáis, pero sacadme de aquí.

—Estás aquí porque quieres, estúpido.

—¿Quién en su sano juicio querría estar en esta pocilga?

—¿Pocilga dices? Aquí dentro dispones de todo lo que necesitas y puedes vivir incluso mejor que en la mayoría de los lugares de Roma.

—¿Roma? ¿Estoy en Roma?

—A ver, insensato, voy a hacerte un resumen rápido: eres un gladiador. No un gladiador cualquiera, uno de los mejores. Amas el arte de la lucha hasta el punto de que llegaste aquí libremente.

—¿Qué quieres decir?

—Quiero decir que, normalmente, los gladiadores son presos de guerra, delincuentes, esclavos... que acceden a este mundo por obligación. Muy pocos son *libertos*, es decir, eligen ellos venir aquí y prepararse para ser gladiadores. Tú eres uno de ellos. Y por eso, además, elegiste tu nombre: Marcus Liberto.

—Eso es ridículo. ¿Quién querría, siendo libre, jugarse la vida haciendo esta mierda? —mientras preguntaba, Marcos se sentaba de nuevo en el suelo y se tapaba la cara.

—Alguien que ame la competición y el arte de la lucha. Alguien como tú.

—¿Desde cuándo me conoces?

—Llegaste aquí hace dos años. No conozco nada más de tu vida previa. Sé que renunciaste a ella para alojarte aquí en el *ludus* y dedicarte en cuerpo y alma al arte de la lucha.

—Llevo aquí dos años... Pero..., antes de esto, ¿qué hacía?

—No tengo ni idea, Marcus.

—¿Estamos en Roma?

—Estamos en Hispania. Concretamente en Tarraco.

—¿Tarraco? Mi ciudad. Te refieres a Tarragona. Tengo que salir de aquí. Necesito ver la ciudad. —Marcus se puso de nuevo en pie con determinación y pareció olvidar sus dolores. Por primera vez se quitó las manos de la cara.

—No vas a salir ahora. Ahora es el momento del entrenamiento. Entiendo que tú hoy no estés en condiciones de entrenarte, pero hemos de seguir cuidándote para que lo estés cuanto antes. No puedo dejar mis inversiones improductivas. Ahora come algo, sigue recuperándote y esta tarde yo mismo te acompañaré a dar un paseo por la ciudad.

—Si quiero irme ahora mismo, me iré, y tú no eres quién para impedírmelo.

—Ahí te equivocas, necio insolente. Tú saldrás de aquí si yo te permito salir y te perderás el entrenamiento de hoy si yo te lo permito. No te confundas, amigo.

—Decías que soy un hombre libre.

—Fuiste un hombre libre; ahora eres un gladiador, eres de mi propiedad. Y un gladiador debe hacer su vida aquí dentro. Repito que te acompañaré a la ciudad, pero ahora no es el momento. Come algo y descansa. Más te vale, porque pronto retomaremos tu entrenamiento.

—¿Pero qué entrenamiento? Yo no sé ni coger una espada.

—Lo veremos pronto. Ahora olvídate y céntrate en hacer lo que tienes que hacer.

Al saber que estaba en su ciudad, Marcos sintió una especie de respiro: por fin algo familiar. Dentro de él tenía la esperanza de encontrar algo allí que le devolviera a la realidad.

—Sígueme, vamos al comedor —dijo Lasio en tono imperativo.

Caminaron por dentro del pasillo porticado hasta llegar al vértice opuesto del rectángulo respecto a la ubicación de su habitación. Allí había un edificio más alto, de hasta tres alturas. Y en la planta baja se encontraba el comedor. Entraron y Lasio le invitó a tomar asiento, pidió que le dieran toda la comida que necesitara y se fue.

A los pocos minutos apareció un hombre con una especie de bandeja y varios platos. Marcos no fue capaz de reconocer la comida de ninguno de ellos. No le resultaba familiar, aunque es cierto que apestaba a pescado. Lo probó en pequeñas cantidades y con desgana porque estéticamente era lo peor que había visto en su vida. Al probarlo le pareció notar el gusto de cereales, como trigo o cebada y, efectivamente, pescado. El hambre que tenía, unida al hecho de que no parecían estar sentándole mal las pequeñas raciones que introducía en su boca hicieron que comenzase a comer cada vez más rápido.

Finalizada la comida, salió al patio a buscar a Lasio. Lo vio entrenándose con un gladiador. Más tarde, aprendería que los había de varios tipos en función de las armas, escudos, protecciones y arte de la lucha que empleaban. En ese caso Lasio entrenaba a uno tipo *retiarius*. Le estaba explicando cómo tirar la red para aumentar la probabilidad de cazar a su rival.

—Marcus, lávate un poco y ponte la ropa que encontrarás en la habitación. Nos vamos a la ciudad. Has tenido suerte porque tengo que ir a hacer un recado. Apresúrate y vámonos —le dijo Lasio tras escapar de la red en la que lo había conseguido atrapar el gladiador.

Marcos era un amante de los centros históricos de las ciudades. En todos los equipos en los que había jugado siempre había decidido vivir en el centro de la ciudad. Le encantaba la vida que se respiraba allí, también pasear por el centro y visitar las ruinas y los monumentos. De Tarragona le encantaba su parte alta y sabía que allí estaban las ruinas de lo que se supone que era el circo romano. Él vivía muy cerca de allí, así que pidió a Lasio que le llevara a esa zona de la ciudad.

—Quiero que me lleves a ver el circo romano, por favor.

—¿El circo romano? ¿Cuál si no? —A Lasio le sorprendió el apelativo de *romano* tras la palabra *circo*—. Venga, vámonos, me lo has puesto muy fácil. Estamos muy cerca. Acompáñame y date prisa porque pronto se pondrá a llover.

Al salir de la escuela, Marcos recibió de nuevo un golpe de realidad al contemplar la gran ciudad antigua que los rodeaba. Observó las calzadas de piedra, lo que parecían ser pasos de cebra formados por piedras elevadas que dejaban entre ellas un hueco para que pudieran pasar las ruedas de los carros. Caminaba con Lasio por una acera en la que estaban a salvo del paso de innumerables carretas tiradas por caballos y de la suciedad que en forma de orina y heces arrastraba el agua que caía por los costados de la calzada. El ruido era constante, principalmente debido al choque de las ruedas y las herraduras de los caballos contra la piedra. El olor, en opinión de Marcos, era de comida putrefacta. La gente andaba con prisa, vestida con la indumentaria de la época... Siguiendo a Lasio, giraron a una calle que parecía ser mucho más comercial y bulliciosa. Allí se prestaban servicios en plena acera. Podía ver peluquerías, bares, escuelas, comercios...: todo mezclado con los viandantes. Un auténtico caos a sus ojos. Marcos se paraba, miraba y se echaba las manos a la cabeza. Seguía sin comprender.

Continuaron avanzando mientras una fina lluvia comenzó a caer sobre ellos. En ningún momento sintió que se encontraba en Tarragona, no veía nada familiar a sus ojos.

De repente, el mayor choque de realidad se lo llevó cuando, tras doblar una esquina, pudo ver el circo en todo su esplendor. Acostumbrado simplemente a ver unas ruinas de piedra, de repente se encontró con una estructura majestuosa, elevada en altura respecto del punto en el que ellos estaban y sin ningún edificio moderno alrededor. En ese instante, fue totalmente consciente de dónde estaba. Estaba en su ciudad, en Tarragona, pero unos dos mil años atrás... Marcos se quedó petrificado como una estatua, totalmente paralizado por unos minutos mientras una lluvia gruesa y potente caía sobre él. Tras la parálisis comenzó a correr por el perímetro del circo buscando algún signo de modernidad. No encontró nada. Finalmente, con la respiración agitada, apoyó las manos sobre las rodillas y se puso a vomitar. Cayó al suelo y comenzó a llorar y a gritar:

—¡Nooooooooooo!

Lasio le permitió desahogarse por unos minutos mientras él también se empapaba con la lluvia. Cuando creyó que ya era suficiente, se le ocurrió que, tal vez contemplando el anfiteatro, Marcus recuperaría su memoria:

—Levántate. Mira, si salimos de la ciudad por esa puerta de ahí podemos contemplar la majestuosidad del anfiteatro. Allí es donde tú combates delante de más de diez mil personas. ¿Recuerdas cómo coreaban tu nombre?

Marcos se levantó aún con algo de fe. Sabía dónde estaban las ruinas del anfiteatro. Las podía ver desde el balcón de su propia casa. Siguió a Lasio arrastrando los pies mientras repetía:

—No, no, no, no, no.

Para llegar al anfiteatro había que salir de la muralla que envolvía la ciudad. Nada más salir de las puertas de la ciudad lo vio... El anfiteatro se alzaba en todo su esplendor. Y, más adelante, la playa por la que tantas veces había paseado con su novia. Volvió a dejarse vencer por la fuerza de la gravedad y cayó al suelo.

CAPÍTULO IV

Aceptación

No está en nuestro poder tener lo que deseamos,
pero sí está en nuestro poder no desear lo que no
tenemos y aprovechar todo lo que nos ha llegado.
Séneca

El sabio estoico no pide que suceda lo que desea
y que no ocurra lo que no quiere; se adapta a los
acontecimientos y acepta lo que sucede.
Epicteto

La gente que pasaba al costado de Marcos seguía su camino como si nada, obviándolo completamente mientras él permanecía encogido en el suelo empapándose con una lluvia que se había convertido en tormenta. Lasio se mantuvo en silencio, a su lado, hasta que creyó que ya era suficiente y le exigió incorporarse.

—Vamos, Marcus. ¡En pie! Camina.

Marcos se resistió a hacerle caso. Lasio reaccionó propinándole una patada en la espalda.

—No te lo repetiré, chico: levántate ahora mismo y vuelve conmigo al *ludus* —Lasio levantó el tono de voz. A la vez que hablaba, volvió a golpear la espalda de Marcos, esta vez con un fuerte puntapié.

Marcos se puso en pie, pero sin elevar el tronco, que caía junto con la cabeza. Comenzó a caminar lentamente y meciéndose de lado a lado. No miraba a ningún punto concreto; ya nada le generaba curiosidad. Simplemente se dejaba llevar por el lanista. Estaba en *shock*. En su mente una única frase se repetía sin parar: «¿Cómo es posible?».

Cuando volvieron a la escuela, se dirigió a su lugar de siempre: la pared junto a la entrada a su celda. Allí apoyó la espalda y se dejó caer. Lasio se sentó a su lado.

—¿En qué año estamos?

—Estamos en el año 182 d. C. Entiendo que la cabeza te está jugando malas pasadas, pero no voy a mantener esta condescendencia mucho más, Marcus. El *medicus* me dice que estás bien y puedes reiniciar los entrenamientos. Toma el poder sobre tu cabeza. Haz lo que tengas que hacer. Pregúntame lo que quieras, pero mañana quiero dejar de verte así y volverás a tu rutina de entrenamientos. Cada día que tú estás parado yo estoy perdiendo dinero.

Marcos no podía contestar. Aunque preguntaba, apenas escuchaba. Había tomado plena conciencia de dónde estaba. Había terminado su fase de negación. Se lo tomara como se lo tomara, lo entendiera o no, era una evidencia que estaba en Tarraco, en el año 182 d. C. Vivía en una escuela de gladiadores y, se suponía, era uno de ellos. A partir de ese momento había tomado conciencia, pero todavía tendría que afrontar una nueva fase: la de aceptación de su realidad.

Lasio continuó hablando, aunque no recibía respuesta:

—Me da igual quién crees que eres en este momento. Me da igual si crees que perteneces a otra época... La realidad te está hablando por sí sola y, como has podido comprobar, estás en el año 182 d. C. Además, tienes deberes pendientes y has de retomar el entrenamiento. Todo esto no lo vas a poder cambiar te pongas como te pongas.

—No lo puedo cambiar... —repitió Marcos.

—Exacto. Y, cuando no puedes cambiar nada de lo que tienes alrededor, por mucho que te empeñes, solo te queda una cosa: actuar sobre ti mismo, decidir quién quieres ser en esta situación y ponerte a trabajar en ello.

Lasio se levantó y se fue. Sus últimas palabras sí se quedaron retumbando en la mente de Marcos: «¿Quién quieres ser en esta situación?».

—¡Espera! —gritó Marcos—. Un día más, por favor. Dame un día más para aceptar. No puedo entrenarme mañana. ¡Yo no soy un gladiador!

—Hazte cargo de tu momento presente. Te doy un día para que traigas al cien por cien tu mente aquí. Solamente existe un momento en el que puedes vivir, y ese momento es ahora. Despójate del que crees que es tu pasado porque ya no sirve de nada. Y tampoco desperdicies tiempo pensando en lo que te deparará el futuro porque nunca lo sabrás. Mantén tu mente en este momento, el único en el que puedes actuar.

Marcos se quedó llorando. Pero lloraba porque en realidad ya estaban produciéndose cambios en su mente. Lloraba porque sabía que, para poder responder a la pregunta de quién quería ser en esa situación, tenía que aceptar del todo la situación. Lo que había conseguido el viejo Lasio con una sola pregunta eran cosas muy potentes en su cabeza. Marcos tenía que aceptar la situación y, basándose en ella, tenía que decidir a partir de ese momento qué hacer, quién ser, cómo actuar.

Lasio se cambió la ropa mojada y se fue directo a supervisar el entrenamiento de sus gladiadores. Cuando finalizó, vio que Marcos seguía exactamente en la misma posición donde lo había dejado. Inició el camino hacia él para ayudarle, pero, cuando había andado unos pasos, se dio cuenta de que no era el momento de seguir hablando. Era el momento de que Marcos asentara ideas y fuera aceptando la situación por sí mismo. Después de la cena volvería a hablar con él. Hizo un gesto con la mano a uno de los gladiadores para que fuera a buscarlo y lo llevase a cenar.

—¡Marcus! —gritó en la distancia uno de los gladiadores mientras se le acercaba.

—Me llamo Marcos. ¿Qué quieres?

—¿Marcos? Ja, ja, ja, va a ser cierto lo que comentan de que el golpe te ha vuelto un inepto. ¿Sabes quién soy yo?

—No tengo ni idea.

—Pues más te vale recordarlo pronto porque me debes mucho dinero —dijo con una sonrisa y en tono jocoso—. Me llamo Quintiniano y soy lo más parecido a un amigo que tienes por aquí. Vente con nosotros. Vamos a cenar.

Marcos tenía hambre y sentía curiosidad por el tipo que le hablaba. Se levantó sin decir nada y se unió a los otros hombres camino del comedor. Allí se sentó, pero no dijo ni una sola palabra y apenas le pudo dar cuatro bocados a aquella comida que él percibía como asquerosa.

Lasio lo observaba desde la distancia enfadado, impotente. Y, cuando no pudo aguantar más, lo llamó a sentarse junto a él. Marcos obedeció. Se desplazaba como un alma en pena, como un ser sin ningún tipo de emoción ni energía.

—¿Por qué escoges estar así?

—¿Así cómo?

—Ausente. Muerto en vida.

—¿Tú que crees? —respondió Marcos sin levantar la vista de la mesa.

—No lo sé. Por eso te pregunto.

—¡Porque no soy de este mundo! ¿No eres capaz de entenderlo? Soy del año 2024, donde la vida es muy diferente. ¡Soy jugador de fútbol profesional, no gladiador! ¡Tengo mi novia y mi familia allí y no voy a verlos más! ¡Soy rico y puedo comprar y tener todo lo que me apetezca! ¿Cómo quieres que esté?

—No sé lo que es un jugador de fútbol, pero veo que lo tienes todo allá de donde vienes: novia, familia, riqueza... Debías de ser muy feliz.

Marcos dejó pasar la frase, aunque por dentro le removió. Debía de ser muy feliz allá de donde venía..., pero no lo era... Continuó hablando como si no hubiera escuchado a Lasio:

—Y, por si eso fuera poco..., ¡si me mandas a luchar, me van a matar! ¡Voy a morir porque no tengo ni idea de pelear! —Marcos subió el tono de voz y el resto de los comensales se callaron.

—Baja tu voz ahora mismo, insolente, o sufrirás un severo castigo —respondió Lasio con templanza, pero firmeza en su mirada y sus movimientos.

—Qué locura... —contestó para sí mismo Marcos negando con la cabeza.

—Aquí la única locura es tu forma de pensar. Sigues cometiendo el triple error.

—¿Pero qué triple error? ¡Por Dios! ¿Te parece poco lo que me está pasando?

—El triple error de, por un lado, mantenerte anclado en un pasado que ya no existe y que por más esfuerzos que hagas no vas a revivir; por otro lado, anticipar un futuro negativo que te estás inventando y en el que te dices a ti mismo que vas a morir pronto; y, por último, el de no darte cuenta de que eres tú el que, con esa forma de pensar, estás escogiendo seguir molesto en este momento en lugar de pensar una respuesta productiva para la siguiente pregunta: ¿cómo puedes emplear de forma más positiva esta misma situación?

»Porque te repito lo que ya te dije: la situación actual es la que es y lo único que te queda es cambiarte a ti mismo. Pero para eso has de darte cuenta de lo potente que es la palabra *escoger*. Eres tú el que está escogiendo estar así.

—Es de locos. De locos. He perdido todo y no tengo ni el derecho a estar mal. Hasta eso me quitan.

—No te quito ese derecho, Marcus. Solo pretendo decirte que le pongas un límite. Que te des cuenta de que depende de ti comenzar a salir, que elijas el momento del cambio y empieces a actuar en consecuencia.

—¡Ya te he dicho que necesito un día más!

—¿Qué piensas sobre esta época en la que te toca vivir? ¿Qué historia te estás contando? —preguntó Lasio obviando lo que Marcos decía.

—¿Historia? Mira, te voy a contar realidades, hechos: uno, no soy libre y he de estar aquí encerrado; dos, la comida es vomitiva; tres, mañana quieres que empiece a entrenarme con una espada y ponga en riesgo mi vida; cuatro, no tengo a nadie en este mundo; cinco, no voy a volver a ver a mi familia... ¿Sigo?

—Todo correcto menos lo de la familia. Ahí te refieres al futuro y nadie sabe nada del futuro.

—Mi familia está en 2024, ¿cómo voy a volver?

—Yo no tengo ni idea de cómo vas a poder volver allí. Pero no sé si va a pasar. Tú sí, tú inventas. Y esa invención te hace daño, igual que la de que te van a matar.

—Pero ¿cómo va a ser posible que vuelva?

—¿Cómo has llegado hasta aquí?

—Ni idea.

—Efectivamente. Has venido aquí sin saber cómo y puede que vuelvas a irte sin saberlo tampoco. ¿Por qué no? Ahora bien, déjame decirte una cosa: si estás aquí es porque tienes una misión. Todos tenemos una y hasta que no cumplas la tuya es seguro que no te irás. Y para eso no te va a bastar con aceptar tu presente, vas a tener que amarlo. El ahora es todo lo que hay. Y el futuro es simplemente otro momento para ser vivido cuando llegue. Una cosa es segura: no puedes vivirlo hasta que llegue realmente. No sacrifiques tu presente por anticipar e inventar un futuro negro que desconoces si llegará o no.

—Entonces... ¿qué quieres? ¿Pienso que voy a volver a mi casa?

—Tampoco digo eso. Porque, repito, eso es inventar el futuro. Digo que aproveches todo lo que te ofrece el presente y te dediques a cumplir con tu misión aquí. Eres tú el responsable de tu desgracia porque son tus pensamientos respecto a las cosas que tienes aquí los que te hacen infeliz. La comida es vomitiva porque tú crees que es vomitiva. A todo el mundo aquí le encanta, entonces... ¿dónde están las características de la comida: en ella o en tu cabeza? Hasta el mejor trozo de carne que pueda pagar para darte no será más que un pedazo de animal muerto. Cuando hayas logrado modificar tus pensamientos, entonces empezarán a surgir tus nuevos sentimientos y habrás dado el primer paso no solo hacia la aceptación, sino al siguiente nivel: amar tu realidad, tu presente.

—Qué fácil de decir. Bravo, eh. Bravo, máquina.

—¿Máquina? Mira, Marcus, hay una palabra clave: *esfuerzo*. Vas a tener que hacer un esfuerzo para apreciar todo lo bueno que tienes aquí en el *ludus* y en esta época. Cuando hagas ese esfuerzo de fijarte en lo bueno, darás el primer paso: no sentirte incómodo. Y, además, iniciarás el camino hacia el siguiente nivel: conseguir disfrutarlo. Y, cuando consigas disfrutarlo, podrás alcanzar el siguiente nivel: cumplir con la misión que te ha sido asignada por los dioses en esta época.

—Cumplir la misión que me han asignado los dioses... Sería mucho más fácil si la conociera, si me dijeran cuál es esa misión.

—Creo que solo tú serás capaz de darte respuesta a esa pregunta. Tal vez necesitas tiempo y conectar con tu esencia, con quien tú eres, con lo que te mueve por dentro, con tus instintos. Aprovecha el día de mañana. Toma el control de tu mente.

Lasio terminó de manera repentina la conversación, se incorporó y se fue de camino a su habitación, ubicada en la mejor zona de la escuela. Se había dado cuenta de que Marcos ya tenía la mente ocupada en aceptar, y él volvió a situarse un paso más adelante para tirar de él. Ahora que Marcos estaba en fase de aceptación, Lasio lo que pedía era no solo que aceptara, sino que amara esa nueva realidad y la utilizara como medio para cumplir con su misión.

CAPÍTULO V

Lo que depende de ti

¿Sabes por qué intentar escapar no te ayudará? Porque tu mente irá contigo. Debes liberarte de tu carga mental antes de poder estar a gusto en cualquier lugar.
Séneca

Recuerda que eres el actor de un drama y desempeñas el papel que el autor ha querido conferirte… Tu misión es desempeñar bien el papel que te han asignado; el elegir ese papel es función de otro.
Epicteto

A Marcos le resultaba imposible conciliar el sueño. Lo logró muy cerca del amanecer. Sin embargo, cuando cayó dormido, lo hizo profundamente y tuvo que ser despertado por Lasio bien entrada la mañana.

—¡Buenos días, Marcus! ¡Llegó tu último día de vacaciones! Aprovéchalo bien porque mañana necesitarás tener toda tu mente y alma en el entrenamiento si no quieres hacerte muuuuucho daño.

Marcos abrió los ojos y vio a Lasio sonriente frente a él. De forma instintiva le salió un gesto de resignación que le llevó a morderse el labio inferior, negar con la cabeza y volver a cerrar los ojos.

—Levántate porque están a punto de retirar el desayuno del comedor y más te vale coger fuerzas para afrontar el día.

Marcos se levantó de la cama. Juntos salieron de la celda y comenzaron a andar hacia el comedor mientras se oía el ruido que proferían el resto de los gladiadores, que ya estaban entrenando. El día era soleado y con una temperatura perfecta para hacer deporte.

—Sigo sin estar preparado —comentó Marcos.

—Normal. Te falta todo el día de hoy para terminar tu preparación. El hecho de que ahora, en este momento, no estés preparado no significa que no lo vayas a estar mañana.

—Mañana estaré igual.

—¿Qué obstáculo hay en tu mente que te impida avanzar hacia la mejoría?

—Sigo despertándome con la esperanza de que este infierno que estoy viviendo es una pesadilla. Y, cuando abro los ojos y veo que no..., no encuentro un motivo para levantarme de la cama.

—Otra vez una mala gestión de pensamientos. Otra vez el error...

—¿Qué error?

—Varios. El primero: calificas esta situación de pesadilla. Haces el juicio de que esto es un infierno y, con ese juicio, entiendo a la perfección que tu mente no te anime a levantarte. Es lógico.

—Pero, vamos a ver..., ¿qué juicio quieres que haga?

—Uno que te ayude a ver esto como una gran oportunidad. Y eso a la vez te dará fuerzas para levantarte cada mañana.

—¿Oportunidad... para qué?

—No lo sé. Dímelo tú. ¿Qué regalo puede estar trayéndote toda esta situación?

—Regalo dice...

—Dime, ¿qué regalo?

MENTALIDAD DE GLADIADOR

—Ninguno.

—Marcus, todo esto te está pasando por alguna razón. Y te empeñas en calificarlo como malo, infierno, desastre... sin pararte a pensar en qué puedes extraerle a esta situación.

Lasio mantuvo el silencio unos segundos y continuó hablando:

—Si alguien pudiera diseñar el destino de todos nosotros y a ti te hubiera otorgado este papel, ¿por qué piensas que lo habría hecho? ¿qué estaría buscando de ti?

De nuevo silencio. Marcos paró de andar y comenzó a negar con la cabeza mientras arqueaba las cejas hacia arriba como indignado de que no le comprendieran...

—Dime: si esto formara parte de un plan diseñado para ti, ¿qué estaría buscando de ti el dios que te ha metido aquí?

Silencio.

—¿Que me hiciera fuerte mentalmente? —respondió al fin Marcos.

—¿Qué quieres decir?

—Quiero decir que, en mi vida real, en la de futbolista, siempre he dicho que mi mayor lastre era mi cabeza, que era muy débil mentalmente y eso me impedía mostrar todo el fútbol que llevo dentro.

—No conozco qué es lo que hace un futbolista, pero entiendo lo que quieres decir. Y permíteme preguntar: ¿las experiencias que te permite vivir este presente podrían ayudar de alguna forma en esa otra vida?

—Para pensar eso tendría que asumir que la otra vida volverá.

—¿Piensas que no volverá?

—Exacto.

—¿Y ese pensamiento te ayuda en el presente?

—No.

—Entonces..., ¿por qué te lo quedas? ¿Por qué te ensañas contigo mismo dándole mil vueltas al mismo pensamiento pernicioso?

—Es inevitable. Es mi cabeza la que me lo trae una y otra vez, Lasio. Y lo veo normal.

—Creo que sí es inevitable que te vuelva una y otra vez. Y lo hará hasta que consigas amar tu presente. Pero creo que lo que es evitable es que, una vez llegado ese pensamiento, te lo quedes.

—¿Y qué hago?

—Llenarte con otra cosa, centrarte en todo lo que sí está bajo tu control. No lo están las pasiones y los pensamientos automáticos involuntarios. Eso vendrá solo. Sí lo está darte cuenta de los juicios que estás haciendo y te llevan por la senda de la autodestrucción.

—Entonces, ¿quieres decir que he de estar todo el día supervisando mis pensamientos?

—Eso sería lo ideal.

—Es imposible.

—Es imposible si tú ni siquiera lo intentas porque tienes la creencia de que es imposible. Tu mente no está nada trabajada, Marcus. Estás completamente al albur de las situaciones que vas viviendo. Eres un ser primitivo que se deja llevar por cualquier cosa que su mente le dice que haga. Necesitas unas máximas y unos fundamentos que te guíen en el día a día.

—¿Máximas y fundamentos?

—Sí. Formas de pensar preestablecidas. Ideales de quién quieres ser y cómo quieres comportarte ante determinadas situaciones y vivencias. Ideales que sirven para guiar tu conducta.

—Sigo sin entender.

—Se trata de definirte tu yo ideal, cómo te gustaría comportarte ante los retos que te plantea el día a día. Eso te ayuda a comparar tus acciones y conductas reales con las ideales. Y eso te sirve de vara de medida para poder ir ajustando.

—¿Como un climatizador?

—No sé de qué me hablas.

MENTALIDAD DE GLADIADOR

—En mi época tenemos unos aparatos que permiten que decidamos la temperatura ideal de la habitación. Y lo que hacen es comparar la temperatura real con la ideal y, si detecta una desviación, se pone en marcha y tira aire frío o caliente para compensar.

—¡Justo eso, amigo! Gran metáfora.

—Y entonces, ¿lo que decías sobre las máximas...?

—Las máximas y los fundamentos son recordatorios que te haces a ti mismo basándote en el hombre que quieres llegar a ser. Por ejemplo, una máxima básica que te ayudaría a superar tu situación y a tener juicios más positivos sería la de nuestro gran filosofo Séneca: «No hagas tus problemas mayores al añadirles tus quejas. El dolor es más tolerable si no le añades nada». ¿Entiendes cómo se te puede aplicar esta máxima?

—Sí. Entiendo que mi situación es dolorosa. Lo he perdido todo. Pero yo la estoy empeorando, por un lado, al pensar que aquí no tengo nada en lugar de centrarme en lo que puedo sacar de esta situación y, por otro, al pensar que no voy a recuperar lo que he perdido, cuando eso no sé si va a pasar.

—Correcto. Me gusta.

—¿Y otra máxima?

—Voy a juntar dos máximas de mi referente Epicteto, que fue el gran inspirador de mi maestro Marco Aurelio. Epicteto en su *Enquiridion* (8,18) dijo:

- (8) No exijas que las cosas sucedan tal como lo deseas. Procura desearlas tal como suceden y todo ocurrirá según tus deseos.
- (18) Pase lo que pase, está en mi poder aprovechar lo que suceda para algo fructífero.

—A ver..., la primera la veo un autoengaño de locos.

—¿Cómo dices? En ocasiones me cuesta entender tu vocabulario.

—Pues que yo nunca voy a desear vivir esta situación.

—Eso es porque aún no te has dado cuenta de todo lo que puede ofrecerte. Esfuérzate en ello. Date la oportunidad de vivir esta vida. Y, mientras la vives, busca las cosas buenas que tiene que ofrecerte, por favor.

—Pero... ¿cómo lo hago? Sigo sin encontrar la razón para levantarme de la cama.

—La encontrarás cuando te creas la otra máxima que te he dicho, cuando de verdad pienses que está en tu mano aprovechar esta situación para algo. Te repito la pregunta: ¿qué puede ser ese algo?

—Desarrollar mi fortaleza mental.

—Pues ahí tienes tu objetivo, Marcus. Tal vez sea tu misión aquí. Tal vez todo esto esté diseñado para lograr ese objetivo. Y tal vez, solo tal vez, cuando lo consigas, podrás volver.

—¿Y si hago el grandísimo esfuerzo de mentalizarme para seguir aquí y consigo el objetivo, pero no vuelvo a mi casa?

—Pues, al menos, habrás conseguido que tu vida aquí no sea un infierno.

Lasio mantuvo el silencio. Marcos se quedó parado absorto en sus pensamientos mientras contemplaba el entrenamiento de los gladiadores. Transcurridos unos minutos, Lasio inició de nuevo el paso.

—Te dejo con tus pensamientos, Marcus. El desayuno te espera. Recuerda: deja de considerar que esta situación que te está tocando vivir es un infierno, y empieza a desear extraer el aprendizaje que te tiene reservado. Empieza a verla como una gran oportunidad, como un regalo que busca algo de ti. Cuando seas capaz de ver ese regalo, de desearlo..., entonces es posible que esta pesadilla, como tú lo consideras, acabe para ti.

—¿Cómo lo hago? —preguntó Marcos cuando Lasio estaba a punto de darse la vuelta para irse.

—Para mí, la clave es que pases menos tiempo pensando en lo que deseas y más tiempo buscando cómo conseguir desear lo que ya tienes.

Lasio se dio la vuelta y se fue.

CAPÍTULO VI

Aguanta uno más

Lo importante no es qué soportas, sino de qué manera.
Séneca

No hagas tus problemas más grandes al añadirles tus quejas. El dolor es más tolerable si no le añades nada.
Séneca

A la mañana siguiente, Marcos se despertó y se fue directo a tomar el desayuno. Había dedicado todo el día anterior a tratar de cambiar el chip, a autoconvencerse de que, si cumplía con su misión, podría regresar a casa. El día volvía a ser ideal para la práctica del deporte: cielo despejado y una temperatura algo fresca. Podría decirse que Marcos, incluso, tenía ganas de empezar el entrenamiento. Había visto cómo se entrenaban el resto de los gladiadores y no había apreciado peligro alguno más allá de llevarse unos cuantos golpes. Los gladiadores peleaban con espadas de madera, corrían alrededor del patio portando vigas enormes de madera sobre los hombros, levantaban una especie de pesas hechas de piedra... Marcos se sentía preparado, su cuerpo de deportista de élite le pedía esfuerzo y competición. Desayunó y salió directo a la plaza de entrenamiento, donde ya esperaban algunos compañeros.

—Marcus, ven aquí —le gritó Lasio—. Tú no te entrenas con el grupo hoy. Primero, has de ponerte a su nivel entrenándote en soledad.

—Vale. Me parece bien. Tiene sentido.

A Marcos todo aquello le recordaba lo que sucedía en el fútbol cuando uno se está recuperando de una lesión. Comprendió rápido que, en su situación, era mejor un entrenamiento individualizado y ajustado a sus circunstancias.

—Te veo buena cara y transmites energía. Enhorabuena. ¿Cómo lo has hecho?

—Por agarrarme a alguna cosa y salir adelante, he decidido quedarme con tu frase de que esto me está sucediendo por alguna razón, de que estoy aquí para cumplir una misión y, cuando lo haga, podré volver.

—¿Cuál crees que es tu misión aquí?

—No lo sé, creo que es lo que te dije ayer: desarrollar mi fortaleza mental.

—¿Sabes cuál es la única forma de saberlo?

—No.

—Dejarte llevar por tu presente. Dejar que vayan llegando las vivencias e ir gestionándolas conforme llegan, siempre con la mejor disposición mental posible.

—Vale, pues que empiecen a pasar cosas. Vamos a la acción.

—Repito la frase porque me parece muy importante: gestionar las cosas conforme llegan y hacerlo con la mejor disposición mental posible. Es decir, si queremos cumplir la misión, es necesario mantener en todo momento una mentalidad adecuada. Como esto es la base de todo, es ahí donde voy a poner mi atención durante los entrenamientos. ¿De acuerdo?

—Perfecto. Estoy listo. Estoy dispuesto a todo. Vamos.

—Quítate toda la ropa y quédate solo con las sandalias y el *subligaculum*. —Marcos asumió que el *subligaculum* era el calzoncillo antiguo que llevaba puesto—. Vamos a comenzar por el endurecimiento —continuó diciendo Lasio.

—¿Endurecimiento? ¿Eso qué es? —Marcos se quitó la ropa mientras preguntaba.

—Es muy sencillo. Yo te voy a pegar y tú vas a recibir.

—¿Cómo?

—Lo que has oído.

—Pero... ¿puedo tratar de esquivar y bloquear tus golpes?

—En absoluto. Tu tarea es muy fácil. Lo único que depende de ti es tensar los músculos, encajar los golpes de la mejor manera posible y rehacerte lo más rápido que puedas.

—¿Qué chorrada es esta, Dios mío?

—¿A qué Dios te empeñas en implorar, Marcus? Céntrate en lo que depende de ti. No hagas la carga más pesada con tus quejas.

Lasio soltó el primer puñetazo. Directo a la boca del estómago. Por más tensión que tenía Marcos en los abdominales no pudo paliar la potencia del golpe. De forma automática cayó al suelo sin aire. Mientras se retorcía, Lasio le hablaba:

—Te empeñas en buscar el aire para respirar. Sigues sin entender nada. No busques el aire y el aire llegará. Céntrate en controlar tu cuerpo y tu estado emocional. Tira aire y relaja los músculos para facilitar su entrada. Toma el control de tu mente y tu cuerpo, no busques fuera lo que está dentro. Gana la batalla interna para poder afrontar la externa. ¡En pie!

Marcos seguía retorciéndose en el suelo, pero en cuanto notó que volvía el aire comenzó a incorporarse. No le costó mucho volver a ponerse en disposición de recibir un nuevo golpe.

En esa ocasión Lasio lanzó una combinación de golpes directos al pecho que Marcos pudo soportar con relativa solvencia. De repente, cuando menos lo esperaba..., una patada con la tibia en su muslo derecho le dejó la pierna totalmente dormida y le obligó de nuevo a ir al suelo. Cuando cayó al suelo, Lasio no se detuvo y comenzó a darle patadas buscando la boca del estómago. Al sentir la primera, Marcos se hizo un ovillo y se protegió. Las patadas continuaron cayendo sobre su cuerpo.

—¡Para! —comenzó a gritar Marcos—. ¡Para, loco asqueroso!

—Hay algo peor que caer al suelo: no estar preparado para esa caída y dejarse ir, sin más, una vez en el suelo. Si haces eso, estás muerto. Entrénate para aguantar los golpes y seguir en pie. ¡Para eso vale el endurecimiento! ¡Precisamente para eso! —gritaba furioso mientras le golpeaba—. ¡Y si no te preparo en el entrenamiento para soportar una pierna dormida por una patada... entonces durarás diez segundos en pie en el combate! ¡Y eso supondrá que yo perderé todo el dinero invertido en ti!

Lasio se detuvo y ordenó de nuevo que se pusiera en pie.

Marcos agradecía que no le hubiera golpeado en la cabeza, suponía que era porque Lasio era consciente de que venía de recibir un fuerte golpe y quería protegerlo. Se puso de nuevo en pie.

—Cambia tu mentalidad, Marcus. No desees que pare de golpearte, desea desarrollar la fortaleza suficiente para soportar mis golpes y a la vez tener la suficiente claridad mental como para aprovecharlos a tu favor cuando te permita contraatacar. Prepárate de nuevo.

Marcos tensó de nuevo todos los músculos de su cuerpo.

—¿Te das cuenta de la cantidad de energía que estás desperdiciando?

—¿Qué quieres decir?

—Desperdicias energía quejándote y también tensando por igual todo el cuerpo. ¡Lo que has de hacer es tensar y llevar toda la energía de que dispones al lugar donde va el golpe!

—Ah, claro, qué fácil. ¿Entonces ahora me vas a decir dónde va el golpe?

—No. Tienes que adivinarlo por mis movimientos previos al impacto.

—Espera un momento que me concentre. Dame un segundo, por favor. —Marcos dio un paso atrás y agitó los brazos para relajarlos—. Vale... Voy a intentarlo.

Marcos decidió poner toda su atención en los hombros de Lasio. Pensó que no debía mirar las manos o los brazos, sino que el movimiento se iniciaría en los hombros y pensaba que, si era capaz de detectar el inicio del movimiento, podría intuir hacia dónde se dirigiría el golpe.

La realidad fue totalmente diferente y volvió a recibir sin compasión. En esa ocasión lo que lo tiró al suelo fue un golpe en los riñones que incluso le hizo escupir sangre y comenzar a toser de forma involuntaria.

Marcos quedó en el suelo apoyado en las manos y las rodillas. Se asustó.

—¿Cuánto dura este entrenamiento? No es justo. Ahora estoy todo dolorido por los golpes y, en cuanto me roces un poco, no lo podré soportar.

—¿Es ese el juicio que estás haciendo?

—¡Eso es una realidad!

—¿En este momento ese pensamiento te ayuda a afrontar esa realidad o te lo pone todo mucho más difícil?

Lasio permaneció en silencio para dar tiempo a Marcos a reflexionar:

—Déjate llevar. No quieras anticipar mis golpes de una forma consciente. Es imposible. En el tiempo que necesitas para procesar la información y después dar la orden de actuación yo ya te he reventado el hígado. Déjate llevar. Deja libre tu mente. Tú solo apártate del camino y dedícate a hacer lo que depende de ti: respirar, comprometerte a mantenerte en pie frente a cada golpe, controlar tus juicios sobre lo que estás viviendo y sobre lo que vendrá, confiar en tu capacidad para soportar lo que llegue...

Lasio comenzó a golpear de nuevo. Marcos estaba dolorido y agotado. Tal vez por eso, ciertamente comenzó a sentir que se dejaba llevar. Y comenzó incluso a disfrutar el dolor y la tensión muscular unos segundos antes de cada golpe.

Cuando parecía que todo había acabado y Lasio se apoyaba agotado sobre las rodillas, Marcos respiró tranquilo e incluso se atrevió a desafiarle:

—Ja, ja, ja. Me parece que el gran Lasio está mayor. Estoy ganando el combate sin haber ni golpeado.

—¿Crees que se ha terminado? —respondió Lasio.

—No lo sé, pero creo que estás tan cansado que, aunque sigamos, ya no me haces ni daño.

—Es cierto. Se ha terminado.

Marcos se tiró al suelo y soltó una carcajada.

—Se ha terminado para mí —continuó diciendo Lasio—. Ponte en pie y aprende una nueva lección. Aprende a trabajar el pensamiento de que «cuando crees que se ha terminado, no ha hecho más que empezar». Prepárate para esta forma de pensar: volver a empezar. Y muéstrate a ti mismo que puedes hacerlo.

Lasio hizo un gesto con la mano a los dieciséis gladiadores que habían acabado su entrenamiento y estos se acercaron corriendo hacia el lugar en el que estaba su lanista.

—Podéis darle un golpe cada uno antes de ir a comer. Solo un golpe. Donde queráis menos en la cabeza.

Marcos entró en pánico. No era lo mismo recibir golpes de un viejo, bien entrenado, pero de cerca de sesenta años, que de auténticos gladiadores entrenados para matar.

—No puedo. No puedo. Esperaos un momento. Es injusto. Estoy ya muy cansado.

—Gestiona la situación. No puedes hacer nada para cambiarla. Va a pasar. Vas a recibir los golpes. Actúa sobre lo único que puedes gestionar: sobre ti mismo, sobre tu pensamiento. Presta atención: ¿qué te estás diciendo?, ¿qué crees que va a suceder?

Marcos se dio cuenta de que se estaba diciendo a sí mismo que le romperían una costilla, que lo dejarían postrado de nuevo en una cama... Se dio cuenta de que eran pensamientos inventados y que no le ayudaban a afrontar la situación. Decidió cambiarlos. Decidió decirse a sí mismo que recibiría los golpes uno por uno. No pasaba nada. Uno por uno. Y al acabar uno, vería cómo estaba y afrontaría el siguiente. Uno a uno. «¿Puedo aguantar uno más? —se preguntó—. Sin duda —se respondió—. Pues vamos a por ello».

Se colocó y los gladiadores fueron golpeándolo. Con un solo golpe. La mayoría elegían golpear en los costados. Parecían trabajar en equipo. Cuando uno golpeaba a la izquierda, el siguiente trataba de golpear en ese mismo sitio porque sabía que aún estaba sensible.

Marcos encajaba estoicamente y tras cada golpe se repetía a sí mismo: «Una más, Marcos. Una más. Céntrate en ser capaz de llegar al siguiente golpe. Y luego al siguiente, y luego al siguiente. Vamos, Marcos: no te hagas pequeño con el gran reto, haz el gran reto pequeño descomponiéndolo en pequeñas partes».

Marcos lo superó. Cuando se fueron, comenzó a llorar en el suelo tumbado boca arriba. Pero eran lágrimas acompañadas de una sonrisa. Una extraña sonrisa...

—Marcus, antes de ir a comer, pasa a ver al *medicus*. Que mire que todo está correcto y te vienes a la comida. Enhorabuena, has aguantado estoicamente. Empiezas a ganarte de nuevo nuestro respeto —le dijo Lasio mientras se secaba el sudor de la cara con un paño similar a una toalla.

Marcos fue a ver al médico. Le sorprendió lo bien organizado que estaba todo y lo que se parecía al mundo del deporte de élite en el año 2024. Podríamos decir que se encontraba en una ciudad deportiva, una que disponía de todo lo necesario: entrenadores, médico, comedor, habitaciones... Todo pensado para que los deportistas rindieran al máximo.

El médico reconoció a Marcos de forma rápida. Su diagnóstico fue que no tenía nada roto y podría continuar con su entrenamiento por la tarde. Marcos se dirigió al comedor. Su cuerpo le pedía devorar una buena carne, pero lo que encontró al llegar fue una gran cantidad de habas y cebada.

—Ten, bébete esto. —Lasio se acercó con una jarra llena de un líquido extraño.

—¿Qué es?

—Esto es para tus huesos. Para que sigan fuertes y aguanten los golpes.

El olor no invitaba a beberlo, pero lo hizo y, nada más introdujo el líquido en su boca, lo expulsó.

—¿Qué demonios es esto?

—Es una bebida elaborada con cenizas de madera, hueso y plantas a la que se añade vinagre y agua caliente.

—Te recomiendo que hagas el esfuerzo de tragártela, amigo, si quieres soportar tus entrenamientos diarios y tener unos huesos fuertes. Tras la comida —continuó Lasio—, túmbate y descansa. Esta tarde seguiremos entrenándonos.

Marcos terminó de comer y se fue a su habitación. No encontraba la forma de tumbarse en la cama sin que un fuerte dolor acudiera a él. Sin embargo, en cierto modo, por primera vez desde que estaba allí, encontró algo parecido a la paz interior. Tal vez la sensación familiar de estar en un centro de entrenamiento y el tipo de vida que allí se llevaba, tal vez la sensación de haberse exprimido al máximo física y mentalmente en la tarea. Marcos no sabía la razón, pero pudo descansar en paz.

CAPÍTULO VII

En tu mente mandas tú

En ningún sitio encontraremos un retiro más tranquilo que en nuestra propia mente.

Marco Aurelio

En la vida, nuestro primer trabajo es dividir y distinguir las cosas en dos categorías: las circunstancias externas que no puedo controlar, y las decisiones que tomo con respecto a ellas y que tengo bajo mi control.

Epicteto

Marcos se despertó de la siesta totalmente dolorido. Le costaba mover cualquier músculo del cuerpo e incluso tenía miedo de toser o estornudar porque sabía que se enfrentaría a un dolor terrible. Su mente le trasladó hacia el futuro y comenzó a anticipar que no sería capaz de soportar el entrenamiento de la tarde. Ese pensamiento le quitaba toda motivación de levantarse de la cama, Marcos se dio cuenta de que estaba cometiendo el error de anticipar vivencias y se obligó a traer su mente al presente.

«Gestiona las cosas conforme vayan llegando, Marcus, una a una», se dijo a sí mismo y, al percatarse de que se había llamado Marcus, movió la cabeza en un signo rápido de negación.

Salió a la plaza de entrenamiento y se quedó observando la pelea de dos gladiadores que se entrenaban. Uno iba vestido con una protección a lo largo de todo el brazo izquierdo que subía hasta el hombro, sobresalía por encima de este y le permitía cubrir la cara tras ella si encogía el cuello. Portaba una red lastrada con plomo en los bordes con la que intentaba atrapar al otro gladiador. En la otra mano sujetaba un tridente que tenía la altura de un hombre. No llevaba ningún tipo de casco para protegerse de un golpe en la cara o cabeza. El otro gladiador sí llevaba un casco integral que le tapaba toda la cara y solo contaba con dos grandes círculos a la altura de los ojos que se llenaban de agujeros para que pudiera ver. Marcos pensó que debía de ser realmente agobiante meter la cabeza ahí dentro e intentar respirar. Observó que, además, llevaba protecciones en el brazo derecho y ambas piernas y, además, portaba una espada corta de unos treinta centímetros que posteriormente supo que se denominaba *gladius* y precisamente de ahí tomaban su nombre los gladiadores. Le sorprendió ver que parecían existir varios tipos de gladiadores en función de sus protecciones y armas utilizadas. Él siempre había imaginado a un gladiador como un guerrero con espada y armadura, pero más tarde aprendió que había hasta cinco tipos:

- El primero de ellos, el de la red, era un *retiarius*. Además de llevar el tridente y la red, iba armado con una pequeña daga muy corta llamada *pugio*. Ese tipo de gladiador dependía de su agilidad y habilidad para sobrevivir. Tenía la ventaja de cargar con poco peso en cuanto a protecciones, pero el inconveniente de ser menos fuerte y verse más expuesto que sus rivales.
- El segundo de los que había observado era un *secutor*. Era el gran rival del *retiarius* y su casco no acababa en punta como el del resto de los gladiadores precisamente para evitar engancharse con la red del rival.

- Por otro lado, estaba el *murmillo*. Este tipo de gladiador llevaba un escudo que lo protegía desde la barbilla a las piernas e iba armado con un *gladius*. Llevaba protecciones en los brazos y las piernas, y un casco integral con cresta alta. Era un tipo de gladiador pesado y que se basaba en su fuerza y no en su rapidez.
- Por otro lado, estaba el *thraex*. Tenía una espada en forma de J y un pequeño escudo curvado. Su armadura se limitaba a protectores para los brazos y las piernas. Sus habilidades principales eran la velocidad y la agilidad. También llevaba un casco que le cubría la cabeza y la cara. El casco estaba lleno de agujeros en toda la cara para poder ver, igual que el del *murmillo* pero diferente al del *secutor*, que solo tenía los agujeros alrededor de los ojos.
- Por último, el *homoplachus* llevaba una lanza, un pequeño escudo en forma de media esfera, protecciones por encima de las rodillas y un casco decorado con plumas.

Marcos se preguntó qué tipo de gladiador sería él. En ese pensamiento estaba cuando Lasio le interrumpió.

—Marcus, rápido, ve a merendar algo y vuelve aquí. Te espero para seguir tu entrenamiento.

—Lasio, ¿qué tipo de gladiador se supone que soy?

—Tú dominas dos estilos que, en principio, son antagónicos y grandes rivales: el del *retiarius* y el del *secutor*. Justo los dos que estabas mirando en este momento.

Marcos se fue a merendar con miedo en el cuerpo. De nuevo su mente se iba hacia el futuro y le traía pensamientos terribles. Le asustó mucho la posibilidad de tener que actuar como *retiarius*. Sentía que, aunque no supiera pelear o manejar la espada, al menos el resto de los gladiadores llevaban protecciones, en cambio, el *retiarius* afrontaba el combate totalmente expuesto a sus rivales. De nuevo tomó el control de su mente y se centró en disfrutar de la merienda. Comió una pasta rica en cereales y lentamente y sin muchas ganas volvió a la plaza, donde Lasio le esperaba.

Cuando llegó, dos esclavos arrastraban un gran barreño lleno de agua que a Marcos le llegaba a la altura de las rodillas y lo colocaban junto al lanista.

—Hoy tu entrenamiento va a tener un solo objetivo: que tomes conciencia de que tu mente funciona sola si tú no eres capaz de ponerle freno y tomar el mando.

—¿Qué quieres decir?

—Tu mente es como un carruaje tirado por caballos. Si no te pones al mando de esos caballos, ellos tirarán hacia donde quieran y con la fuerza que quieran. Si dejas que esa fuerza vaya libre y no la controlas, al final es indomable y no te llevará a ningún sitio adecuado para el ser humano. Todos tenemos dentro esa mente animal que funciona sola. Pero también tenemos dentro al auriga[4] que es capaz de dirigirla. Ahora bien, ¿lo hacemos?

—Vamos a por ello, Lasio, empecemos. —Marcos estaba eminentemente concentrado en la acción y lo que quería era saber en qué consistía la prueba y hacerla cuanto antes.

Lasio levantó la mano y tres esclavos se acercaron a Marcos.

—Ponte de rodillas frente al barreño —exigió Lasio.

Dos esclavos le cogieron cada uno un brazo y se lo pusieron tras su propia espalda como si de una inmovilización de judo se tratara. Lo arrastraron al borde del barreño y el tercer esclavo le empujó el tronco y la cabeza hacia abajo.

—Ahora —ordenó Lasio.

Los esclavos sumergieron por completo la cabeza de Marcos en el barreño con agua. Lasio comenzó a trazar rayas

---

4 'Conductor'.

en la arena del suelo con un palo. Una raya por cada segundo transcurrido. Marcos entró en pánico. En cuanto la cabeza se introdujo en el agua, sintió que se moría. Tenía que salir de allí. Esa gente estaba loca y era capaz de matarlo. Se ahogaba. Intentaba calmarse, pero no lo lograba. Era consciente de que en realidad podía aguantar más la respiración, pero no se sentía capaz. No podía. Comenzó a intentar liberarse con todas sus fuerzas, pero eso aún le ahogaba más. Sentía que iba a orinarse encima. No aguantaba más. Comenzó a orinarse y, en ese momento..., lo sacaron del barreño.

Marcos buscaba el aire de forma desesperada. No se sentía liberado a pesar de estar fuera. Seguía asustado porque sabía que no iban a quedarse ahí, que repetirían el ejercicio. De eso estaba seguro.

—Marcus, ¿te has dado cuenta de lo que han hecho tus caballos?

Marcos no podía hablar, trató de hacerlo, pero le resultaba imposible. Respiraba muy agitadamente.

—Calma la respiración. Toma el control de la respiración para tomar el control de tu mente. Haz una respiración profunda. Retén el aire dos segundos y tíralo despacio. Eso es, despacio. Empieza a bajar tu ritmo respiratorio. El oxígeno que necesitabas ya lo has cogido. No estás respirando así por falta de oxígeno, sino por nerviosismo.

—¡Tú qué sabrás... —Marcos tuvo que pararse a tomar aire para seguir hablando— si estoy nervioso!

—Cuando estás en reposo y tranquilo, puedo contar hasta seis desde que inspiras hasta que tiras el aire y vuelves a inspirar. Ahora mismo solo me da tiempo a contar hasta uno. A eso se le llama estar nervioso y dejar que tus caballos tiren de tu carruaje.

—¿Cómo puedes saber tú eso?

—Observándote. Aprendiendo sobre ti. Cuando hablo contigo, no me basta con escuchar tus palabras, con eso mi mente no se llena. Y, si mi mente no se llena, comienzo a pensar en otra cosa mientras te escucho. Yo no quiero hacer eso, yo quiero estar cien por cien presente cuando hablas, así que intento llenarme con todos los estímulos que me transmites. Escucho todo tu cuerpo... Ahora dime: ¿has notado como tus caballos han tomado el control de tu carruaje?

—No entiendo eso de los caballos.

—Mira, Marcus. Mientras tú estabas en el barreño, he hecho rayas en el suelo a un ritmo constante. Hemos tenido que sacarte cuando llevaba 12, aunque tú estabas pidiendo auxilio en la quinta. Un gladiador experto en autodominio es capaz de aguantar hasta 200. Un esclavo sin ningún tipo de entrenamiento llegaría, seguro, hasta 30. Es decir, tú eres capaz de aguantar un mínimo de entre 18 y 188 más de lo que has hecho. Pero... ¿por qué no has podido?

—Estaba asustado. No sabía qué pretendíais de mí ni cuánto tiempo me dejaríais ahí sumergido.

—Exacto. Fíjate. Otra vez uno de los errores fundamentales: estabas asustado porque tu mente se había ido al futuro, ha pensado que te dejaríamos ahí hasta morir. Tu cuerpo ha reaccionado a tu mente asustada y ha incrementado la sensación de ahogo y prisa por salir.

—¿Qué querías que hiciera? Déjame probar a mí solo, sin que me forcéis, y verás como aguanto más.

—Error. Tienes que aprender a gestionarte a ti mismo cuando no tienes el control de lo que sucede. Eso es básico. En todo lo que te queda por vivir aquí, pocas veces vas a tener el control de lo que suceda.

—Entiendo lo que pretendes. Pero, además de no tener el control, es el no saber si me sacaréis a tiempo o me dejaréis morir.

MENTALIDAD DE GLADIADOR

—Ese es el otro aspecto que hay que aprender a gestionar cuando no tenemos el control: la incertidumbre.

—¿Y cómo se consigue? —preguntó Marcos.

—Gestionando cada situación conforme va llegando. No tratar de anticipar el futuro. En el barreño, tu gestión debería haber consistido en conseguir dominar la mente y el cuerpo para estar lo más tranquilo posible y así no gastar una energía que provoca que se demande y consuma más oxígeno, más rápido.

—Lo que dices es fácil de entender, pero ¿cómo lo hago?

—Primero, no anticipes un futuro negro y terrible. Segundo, no desperdicies energía. ¿Quién crees que está consumiendo energía?

—¿Mis músculos?

—Dime, cuando te metemos en el barreño, ¿estás tenso?

—Sí.

—Túmbate en el suelo, amigo.

Marcos hizo caso en seguida a lo que decía Lasio y se tumbó boca arriba en el suelo. Lasio bajó el tono de voz y también volvió su ritmo más lento.

—Cierra los ojos. Quiero que te fijes en la respiración. De momento solo escúchala. No la cambies...

»... Ahora, quiero que centres toda tu atención, toda, en el dedo gordo del pie derecho...

»... Al poner ahí toda tu atención vas a ser capaz de notar muchas cosas: sensaciones que siempre han estado ahí, pero a las que no prestabas atención porque tu mente estaba demasiado ocupada con cosas externas. Tal vez notes un cosquilleo. Tal vez el contacto con la sandalia. Sigue ahí, sigue conectado a esa sensación. La vas a notar, sobre todo, al tirar el aire.

Marcos percibía la sensación. Estaba totalmente absorbido por la voz de Lasio.

—Ahora quiero que te concentres en los músculos inferiores de las piernas. Y quiero que te des cuenta de cómo, al expulsar el aire, eres capaz de relajarlos, de dejarlos sin tensión. Solo tú, tu respiración y tu atención, no necesitas nada más. Sigue ahí, sigue relajando, sigue permitiendo que pasen cosas, cosquilleos, sensaciones agradables...

Lasio siguió así hasta recorrer cada fibra del cuerpo de Marcos, y este se fue dejando llevar. Al finalizar le pidió que abriera los ojos y Marcos no quería abandonar aquella sensación tan agradable. Le costó hacerlo. Se sentía como nunca. Estaba flotando y totalmente calmado.

—Increíble. Esto que me has hecho es increíble.

—Lo increíble es que no he hecho nada. Lo has hecho todo tú. Está todo en el poder de tu respiración y en tu concentración. Yo solo te he guiado. A partir de ahora entrénalo dos veces al día. Y aprende a utilizarlo bajo presión. Y ahora... ¡seguimos!

Lasio hizo un gesto a los esclavos, que volvieron a introducirlo en el barreño. Cuando Lasio había hecho alrededor de ochenta rayas en el suelo, Marcos comenzó a retorcerse buscando forzar su salida.

—No le permitáis que salga —ordenó Lasio a los esclavos con voz y semblante firmes.

Marcos peleó y se asustó de nuevo. Volvió a sentir la misma ansiedad que antes. Volvió a sentir que se orinaba encima. Hizo acopio máximo de fuerzas para intentar salir, pero Lasio seguía dando la orden de que debían impedírselo. Finalmente, cuando llevaba marcadas ciento una rayas en el suelo, le dejó salir.

Marcos fue directo al suelo y comenzó a arrastrarse por él, reptando como si fuera una serpiente con toda la cara cubierta de arena que se le pegaba con el agua.

—¿En qué momento has dejado que los caballos tomasen de nuevo el control? ¿Te das cuenta de cómo funciona tu

MENTALIDAD DE GLADIADOR

cabeza primitiva? Ella quiere protegerte, quiere que sobrevivas. Por eso te hace creer que no puedes más. Y lo hace mucho antes de tu límite real. Te avisa para que salgas. Y tú, en lugar de calmar ese impulso, en lugar de relajarlo, le haces caso y lo alimentas. Fíjate, has comenzado a sentir que tenías que salir porque no podías más a las ochenta rayas. Y yo te he permitido salir en la raya ciento uno. Y lo he hecho por compasión, pero te conozco y sé que ese no es tu límite real. Hemos hecho este ejercicio cientos de veces. Pero ahí mandabas tú a tu cabeza. Ahí eras fuerte. Ahora, dejas que el animal de tu cabeza mande sobre ti. Espero, por lo menos, haberte demostrado la existencia de ese animal y también que tu capacidad le supera.

Marcos aprendía rápido y, mientras Lasio hablaba, estaba recuperando la respiración, tomando el mando y ralentizándola.

—Sí. Lo he sentido. He vuelto a entrar en pánico.

—¿Y qué mensajes te lanzabas?

—No he dialogado con la cabeza primitiva. He cogido lo que me traía. Me he fusionado con el pensamiento animal.

—Bien dicho, amigo. Muy bien dicho. ¿Crees que podrías haberlo calmado y eso hubiera ayudado a aguantar más?

—Sin lugar a dudas. ¿Podemos intentarlo de nuevo, pero en esta ocasión metiendo yo la cabeza sin que nadie me sujete? Solo una vez. Estoy seguro de que alcanzaría mucho mejor tiempo.

—No, Marcus, no. Que te sujeten forma parte del juego. Necesitamos que gestiones la dificultad que supone que sientas que no controlas la situación y, aun así, seguir manejando tu estado emocional. Tienes que darte cuenta de que en esos casos, al menos, has de controlar lo único sobre lo que puedes actuar: tu estado emocional. Has de ganar la batalla interna para poder tener opciones de ganar la externa.

—Quiero seguir intentándolo. Hagámoslo de nuevo.

En esa ocasión Marcos fue capaz de tomar conciencia del momento en que su mente animal le decía que no podía más. Trató de gestionarla. En primer lugar, ya fue importante el hecho de que consiguiera disociarse y entender que él no era su mente animal. En segundo lugar, trató de distanciarse de lo que pasaba. Para ello se dejó ir muscularmente y se concentró en sentir cómo caían sus brazos, cómo pesaban, cada vez más, y más... Y entonces de nuevo su mente primitiva le decía que se ahogaría y él se daba cuenta y volvía a su relajación... Pero, de repente, de nuevo la sensación de ahogo le sobrevino. En esa ocasión recordó la enseñanza del endurecimiento y se pidió una más. Una más. A partir de ese momento sobrevino un pensamiento, el de que tendría que luchar por salir, el de que, si apuraba al máximo, luego no le dejarían salir hasta que ellos considerasen, y eso sí podría ser un gran error de cálculo que acabaría con su vida... Entonces, comenzó la lucha... De nuevo el ahogo. De nuevo las ganas de orinar... Lo sacaron.

—¿Cuántas rayas, Lasio? ¿Cuántas rayas? Estoy seguro de que me he superado.

—Has mejorado. No voy a decirte las rayas. Solo te digo que has mejorado.

—¿Por qué no me dices cuántas?

—No quiero que cometas el error de centrarte en la búsqueda del resultado. Tu foco debe estar en la mejora, en dominar tu mente cada vez más y mejor. ¿Qué te ha pasado ahora? ¿Por qué has salido?

—Los caballos querían tomar el control. Creo que lo he hecho bien. Me he alejado de ellos y he redirigido. Pero el problema es que vuelven.

—Claro que vuelven. Siempre vuelven. Repito que tu cabeza animal quiere cuidar de ti.

—¿Entonces?

—Entonces tienes, simplemente, que dejar que como vengan se vayan, no apegarte a ellos. No te quedes esos pensamientos. Vienen, te avisan de que no puedes más, te das cuenta, pones tu atención en otro lugar o pensamiento, vuelves a tu relajación y dejas que se vayan.

—Lo he intentado. Puede valer durante un rato... ¿Y hablar con ellos? ¿Calmarlos?

—¿Qué quieres decir?

—Pues que, cuando vienen, me doy cuenta de que están aquí, de que me quieren avisar. Los escucho, les doy las gracias, pero con cariño les digo que aún puedo mucho más, que tranquilos. Y vuelvo a mi relajación. Y cuando vuelvan, que volverán, hago otra vez lo mismo: «Tranquilos, tengo el control y sé que aún puedo más, al menos una más». Y vuelvo a mi relajación.

—Me parece muy buena técnica. Adelante. Repetimos.

El ejercicio se prolongó durante mucho tiempo. Ese fue el único entrenamiento de la tarde. Lasio no pretendía que Marcos batiera ningún récord de tiempo sin respirar, ni tan siquiera esperaba que se acercara a sus cifras de antes del golpe en la cabeza, únicamente pretendía ayudar a Marcos a que aprendiera a estar presente y a tomar conciencia de sus pensamientos, y después tomara el control sobre su mente animal y sus reacciones emocionales.

—Marcus, ¿ves ese edificio de allí? Son las termas, dirígete allí y relaja la mente y el cuerpo antes de la cena. Practica el ejercicio de relajación muscular que has aprendido hoy y todo será mucho más fácil y rápido para ti.

—Así lo haré.

Marcos observó el centro de entrenamiento en toda su magnitud. Justo enfrente de donde se encontraba había una zona a la que no había ido todavía y que, por lo que había dicho Lasio, se correspondía con el área de relajación.

La plaza donde se llevaban a cabo los entrenamientos era muy grande, Marcos calculaba que podía tener unos veinte metros de diámetro. Los recorrió enteros por en medio, contemplando a los otros gladiadores luchando y absorto por el ruido que se generaba por los choques de los tridentes contra los escudos, de las espadas de madera entre sí o por los gritos de esfuerzo de los gladiadores. Al llegar al otro extremo, salió de la plaza y entró en lo más parecido a un balneario de su época. Había distintos tipos de piscinas con agua caliente y fría, duchas, zonas de relajación, lavabos... Era increíble. Marcos nunca se habría hecho esa idea si alguien le hubiera preguntado por las características de la vida en el año 182 de nuestra era.

CAPÍTULO VIII

Responde a lo que sucede ahora

Son más las cosas que nos asustan que las que nos dañan.
Sufrimos más por la imaginación que por la realidad.
Séneca

Se daña más de lo necesario quien se daña antes
de lo necesario.
Séneca

Los dos días siguientes fueron calcos del anterior: por la mañana, endurecimiento; después de comer, barreño de agua; y, tras esto, relajación en las termas. Marcos comenzaba a pensar que todo se estaba volviendo rutinario. Ya necesitaba alguna novedad.

Al tercer día de repetir la misma rutina, tras la relajación en las termas y la merecida cena, llegó el que, cada día, era el momento más difícil para Marcos: quedarse solo consigo mismo. En la oscuridad de su celda comenzaba, de nuevo, a recordar su vida anterior, a pensar en su familia, en su novia, en todas las comodidades que allí tenía, en todas las pequeñas cosas que no valoraba y que ahora daría cualquier cosa por tener.

Se dio cuenta de que ese tipo de pensamientos no ayudaban a su estado emocional y, además, le impedían dormir a pesar del gran cansancio y dolor que tenía. Aun sabiendo que no eran pensamientos adecuados, no podía evitar que vinieran a su mente. Y lloraba. Marcos lloraba mucho cuando estaba en soledad. Seguía preguntándose cómo era posible que estuviera viviendo esa situación.

Aunque sabía que lo ideal era mantener sus pensamientos en el presente y no anticipar nada, bueno ni malo, se dio cuenta de que había una idea que podía ayudarle. Por ello, eligió cambiar su mente, comenzó a creerse que sí iba a poder volver. Comenzó a convencerse de que, si en ese mundo cumplía su misión, si llegaba a ser el mejor gladiador posible, los dioses le premiarían con su vuelta al mundo real. Ese era el único pensamiento que le calmaba. Y así, poco a poco, se fue durmiendo.

Marcos ya había caído en un sueño profundo y reparador cuando se despertó al sentir una presencia a su alrededor. Abrió los ojos para prestar más atención y, justo cuando levantó la cabeza para comenzar a incorporarse..., la oscuridad de nuevo. Alguien le tapó con un saco la cabeza mientras otras personas le cogían los brazos y se los mantenían unidos a la cama. Alguien le sujetó también las piernas. Marcos comenzó a gritar y tensó todo el cuerpo, pero no podía moverse. Le ataron las piernas juntas por los tobillos. Notó cómo aflojaban la fuerza sobre sus brazos y justo en ese momento recibió un fortísimo puñetazo sobre el estómago que, por inercia, le obligó a levantar el tronco de la cama. En el momento que se incorporaba, de nuevo le amarraron los brazos y se los ataron con una cuerda a la altura de los bíceps. Tras eso, le ataron las dos manos y las unieron por las muñecas. Alguien lo elevó y se lo puso sobre los hombros, como si fuera un juguete. Marcos gritaba:

—¡Dejadme en paz! Por favor, no he hecho nada. ¡Por favor! ¡Lasio, ayuda! ¡Socorrooooo!

Lo sacaron de su habitación y lo tumbaron en un carro tirado por caballos. El carro comenzó a cabalgar en medio de la noche, a veces más rápido, otras más despacio. Su cuerpo no paraba de vibrar por el traqueteo que se generaba en el choque de las ruedas contra las piedras que formaban la calzada. A esa vibración había que añadirle la generada por los nervios de no saber qué estaba sucediendo.

Finalmente, en lo que a Marcos le pareció una eternidad, el carro se detuvo. Volvió a implorar que lo dejaran en paz.

—Socorrooooo. Por favor. ¿Qué queréis? ¡Socorro!

Lo sacaron del carro estirando de él y deslizándolo por el suelo hasta que llegaron al borde y lo dejaron caer a la calzada de piedra. Lo levantaron de nuevo y lo pusieron en los hombros de alguien que caminó unos pasos y lo arrojó contra un suelo lleno de hierbas.

—¡De rodillas! —ordenaron.

Marcos se puso de rodillas.

—¿Por dónde empezamos? —dijo la misma voz.

—Parece que ha llegado tu momento, Marcus —dijo otra voz.

—¿Me conocéis? ¿Quiénes sois? Yo no he hecho nada. Por favor.

Marcos creyó, realmente y en lo más profundo de su corazón, que había llegado su hora. Que iban a matarlo. Lo único que le preocupaba era que no le hicieran sufrir. ¿Cómo le matarían? ¿Qué muerte le provocarían? ¿Cómo sería ese sufrimiento? Marcos temblaba como una persona muerta de frío. Y se orinó encima.

—Ja, ja, ja, ja —comenzó a oír carcajadas—. Tenía razón Lasio. En verdad te has transformado en un bufón. El gran Marcus Liberto. Ja, ja, ja, ja. Ni has dominado tu mente, ni tu cuerpo, ni has intentado luchar. Ahora mismo eres basura. Eres una vergüenza para los gladiadores.

—Vámonos, chicos. Veremos si es capaz de volver él solito —comentó otra voz.

Marcos oyó el ruido del carro y cómo se alejaba. Estaba solo. Sintió que había salvado la vida. Se tiró al suelo y comenzó a sollozar. En su mente solo había una idea: «¿Qué he hecho yo para merecer este castigo?».

Se mantuvo en el suelo un largo rato, pero una vez tomó conciencia de que había salvado la vida, comenzó a pensar que seguía en riesgo. Estaba en medio de algún lugar perdido y quién sabe los peligros que acechaban, aquello no había acabado. Con las manos atadas agachó la cabeza y llegó a pellizcar con los dedos el saco que le cubría la cabeza. Dado que únicamente estaba atado por un lazo flojo al cuello, no le resultó difícil desprenderse de él. Se lo quitó y se vio en el medio de lo que parecía ser una senda estrecha y rodeada de árboles. Apoyada en uno de ellos, le pareció ver una presencia.

—¿Quién anda ahí? —preguntó.

—¿Tú quién crees?

—¿Lasio? ¿Has estado aquí todo el tiempo?

—Sí.

—¿Por qué no me has ayudado?

—¿Ayudarte? Dime, Marcus, ¿dónde estamos?

—¿Estás loco? ¿Has montado tú todo esto? ¿Era un teatro? ¿Podría haber muerto de un infarto?

—¿Dónde estamos?

—No tengo ni idea, maldito bastardo.

—Si vuelves a insultarme, haré que azoten tu espalda hasta que te despellejen. —Se hizo el silencio—. ¿Cuánta gente te ha traído hasta aquí?

—Déjame en paz.

—¿Cuántos caballos tiraban del carro? ¿Hemos salido del límite de la ciudad?

—Ayúdame a desatarme. ¿Qué pretendes? ¿Qué c... pretendes haciéndome pasar por todo esto?

MENTALIDAD DE GLADIADOR

—Es un ejercicio de entrenamiento. Uno más. —Silencio—. Dime: ¿cuál es tu objetivo?

—Salir de aquí. Sobrevivir.

—¿Ese es tu objetivo? Qué rápido olvidas... Creía que habías dicho que tu objetivo era el de dominar tu mente y tu estado emocional. Para eso estás aquí. Y no saldrás hasta que lo logres. Recuerda lo que dijimos: no está en tu mano volver al lugar del que dices que vienes, lo está reaccionar de forma adecuada a todo lo que está sucediendo. Eso te ayudará a cumplir tu misión. Y tal vez, solo tal vez, si la cumples, puedas volver al lugar al que dices que perteneces.

—Pero... ¿cómo quieres que reaccione? Estoy durmiendo en una celda, en un lugar donde no conozco a nadie, en un siglo de primitivos y bestias... Y vienen y me secuestran... ¿Quieres que esté con una sonrisa en este p... momento? ¡Estaba totalmente indefenso!

—Has utilizado la palabra perfecta: *indefenso*, esa es la sensación que pretendíamos generar en ti. No podías hacer nada físicamente. Entonces, ¿qué podías hacer para tomar un cierto control de la situación?

—Nada.

—Siempre hay algo sobre lo que puedes actuar. Siempre hay algo que puedes y debes controlar.

—¿El qué?

—A ti mismo. Cuando nada de lo que pasa fuera depende de ti, debes redirigir tu atención hacia el interior. Debes, al menos, controlarte a ti mismo. Dime: ¿eso que te mancha los pantalones es orina?

Marcos se dio cuenta en ese momento de que se había meado encima.

—¿Te parece eso controlar tu estado emocional, Marcus? —repitió Lasio—. ¿Por qué te has orinado encima?

—Porque estaba muerto de miedo. No me da vergüenza reconocerlo.

—¿Por qué estabas muerto de miedo?

—Porque pensaba que me iban a matar.

—Correcto.

Se hizo el silencio.

—¿De qué forma pensabas que te matarían?

—No lo sé. Eso es lo que me asustaba aún más. No saber todo lo que me iban a hacer.

—Correcto. ¿Te das cuenta de lo que ha pasado?

—Sí. No he mantenido la mente en el presente. He anticipado el futuro. No solo eso, sino que lo he anticipado negro y lleno de sufrimiento.

—Muy bien. Y, lógicamente, eso se ha reflejado en tu cuerpo y en tu forma de comportarte, ¿verdad?

—Sí. Pero repito: ¿qué narices quieres que piense si en mitad de la noche alguien entra en mi celda, me cubre la cabeza, me da un puñetazo y me rapta?

—Ahora nos vamos entendiendo. ¿Cuántos hombres?

—No lo sé. Pero, haciendo memoria de cómo me han cogido en la cama para atarme, eran un mínimo de cuatro. Dos me han cogido los brazos y dos más las piernas.

—Muy bien. Ya tenemos algo. ¿El carro ha salido de la ciudad?

—Ahora me doy cuenta de que sí. En ese momento, ni idea.

—¿Cuánto tiempo crees que ha estado en marcha el carro?

—Me pareció eterno. No sé qué decirte.

—¿Cuántos giros a la izquierda hizo el carro? ¿Y a la derecha?

—¡Que no lo sé! —replicó Marcos impaciente y frustrado.

—¿Te das cuenta, Marcus? ¿Sabes ya en qué habrías tenido que mantener ocupada la mente? Es normal que esos pensamientos negativos vengan a ti cuando algo tan amenazante como un secuestro en medio de la noche te sobreviene. Pero tú estás entrenado para dominar esos pensamientos. Y solo pueden dominarse si utilizas la mente para gestionar lo que está pasando en este momento, aquí, ahora, sin anticipar.

—Entonces, según tú, ¿qué tendría que haber hecho?

—De primeras, intentar que no te cojan.

—Lógico.

—Una vez te han cogido y te han dejado totalmente indefenso, solo te queda usar la mente. Solo eso. En ese momento lo único que te queda es tratar de sumergirte de lleno en el presente y contar cuántos son, cómo hablan; averiguar quién es el jefe, en qué tipo de carro te están metiendo, cuántos caballos lo guían, cuánto tiempo va el carro en una dirección determinada, cuándo gira a derecha, cuándo a izquierda... Tienes que memorizar el recorrido y tratar de visualizar a dónde te están llevando. Con eso conseguimos tener armas para, en un momento como el actual en que has logrado liberarte, no continuar indefenso. Además, mantenemos la mente completamente llena en el único momento en el que puedes actuar, el presente. Y, con eso, evitamos la anticipación del futuro...

—Y con eso conseguimos, además, gestionar el estado emocional y no llegar al pánico.

—Muy bien. Ese es el entrenamiento. ¿Y la conclusión?

—Gestionar las cosas conforme vayan llegando. De momento ha llegado que me han subido al carro: me centro en el carro. Luego, si me pegan, tendré que centrarme en los golpes y ver si puedo hacer algo; si me rompen un brazo, me centraré en ese momento en lidiar con eso. Pero me enfrento a los problemas conforme van llegando y no los anticipo ni me los invento antes de que ocurran, ya que, si hago eso, estoy alterando en demasía mi estado emocional y estoy perdiendo el control interno.

—Correcto. Y en mitad de todo esto, no olvidemos que tú eres un luchador. Se trata de llenarte con lo que pasa, pero a la vez buscar puntos débiles, formas y momentos para poder actuar y librarte de esa situación.

—Lección aprendida, Lasio. Llévame a la escuela, por favor. Estoy muy cansado del entrenamiento y encima no he dormido nada.

—¿Que te lleve a la escuela? Ya te he ayudado demasiado. Ponte al lado de mi caballo y síguenos tú hasta allí.

—¿Vas a desatarme al menos?

Accedió a desatarle a regañadientes y, nada más finalizar, impuso un ritmo de carrera medio-alto. La vuelta a casa formaba parte del entrenamiento físico. Además, Lasio no quiso desaprovechar la oportunidad para repasar las conclusiones de los anteriores entrenamientos y ayudar a Marcos a consolidar aprendizajes.

—Marcus, te hablé el otro día de la importancia de desarrollar máximas y fundamentos que te ayuden a elegir conductas apropiadas frente a distintas situaciones que puedes vivir, ¿recuerdas?

—Sí —contestó Marcos con la respiración agitada.

—¿Y bien, amigo? ¿Puedes decirme algún fundamento que desees adoptar como propio?

Aunque estaba haciendo un esfuerzo físico, Marcos esbozó una ligera sonrisa. La pregunta le resultaba muy fácil porque, durante las noches y los momentos en soledad, se dedicaba a repasar cada una de las conversaciones y memorizó las frases y preguntas que más le habían hecho pensar y que deseaba interiorizar para convertirse en alguien más fuerte:

—Empiezo:

Máxima n.º 1: Cuando, por más que te empeñes, no puedes cambiar una situación, solo te queda una salida: actuar sobre ti mismo. Decidir quién quieres ser en esa situación y cómo la puedes emplear de una forma positiva para ti: ganar la batalla interna para poder tener opciones de vencer en la externa.

MENTALIDAD DE GLADIADOR

—Muy potentes, amigo mío. Si de verdad logras ser fiel a ellas, serás muy poderoso mentalmente.

—Estoy en ello, pero el Marcos que quiero llegar a ser me gustaría que pensara de esta manera. Sigo:

—Esta era muy apropiada para hoy. Veo que no te la has aplicado —interrumpió Lasio.

—Cuando la redacté, estaba pensando en algo más genérico, no en algo tan concreto como lo sucedido hoy. Tienes razón, pero para algo como lo de hoy creo que me ayudaría más la que viene ahora. La redacté pensando en el endurecimiento, pero se puede aplicar a lo sucedido hoy:

—Es una muy buena forma de pensar que facilita cualquier tarea: segmentarla, hacerla más pequeña y llevadera.

—Viene otra más que saqué del endurecimiento:

> **Máxima n.º 5:** Cuando la fatalidad te golpee, no desees que pare de hacerlo, eso no depende de ti. Desea desarrollar la fortaleza física y mental suficiente para enfrentarla y vencerla: eso sí depende de ti.

—Qué importante es tener la capacidad de diferenciar lo que depende y no depende de ti. Sobre esto tenemos mucho que comentar todavía.

—Continúo con la idea de controlar lo que depende de mí en la siguiente máxima:

> **Máxima n.º 6:** No están bajo tu control los pensamientos que te lanza el cerebro primitivo. Sí lo está darte cuenta de si esa forma de pensar y de percibir la situación te ayuda a afrontarla de forma emocionalmente óptima. Céntrate en tomar conciencia de cómo estás respondiendo a lo que está sucediendo.

—Estoy alucinando con tu capacidad para absorber aprendizaje, Marcus. Enhorabuena.

—Y quedan las dos últimas que aprendí en el barreño de agua:

> **Máxima n.º 7:** Aprende a dominar tu mente animal: habla con ella, tranquilízala, ignórala si hace falta, pero, si te dejas llevar por ella, nunca alcanzarás tu verdadero límite físico ni mental. La mente animal busca sobrevivir y huye de cualquier sufrimiento real o inventado.

> **Máxima n.º 8:** No cometas el error de centrarte en la búsqueda del resultado. El foco debe estar en la mejora, en dominar el cuerpo y la mente cada vez más y mejor. Cada momento del día está lleno de oportunidades para realizar este entrenamiento.

Lasio estaba disfrutando plenamente de la disertación de Marcos. Empezaba a recordarle a aquel gladiador con el que mantenía todos los días conversaciones interesantes y que le habían hecho acercarse a él de una forma en la que nunca lo había hecho con ningún otro gladiador de su *ludus*.

—Me has impresionado. Dime, ¿crees que haberlas recitado en voz alta te ha ayudado de alguna manera?

Marcos agradecía que Lasio hubiera tomado la palabra porque correr mientras hablaba le hacía perder la respiración y agotarse antes de tiempo. Se tomó unos segundos para responder.

—Sí. La verdad es que recitarlas en voz alta me ayuda a tomar conciencia de su importancia y también me hace ver dónde debo seguir esforzándome: sobre todo en aquellas máximas que aún no siento como propias y, por tanto, no tengo interiorizadas en mis reacciones, conductas y formas de pensar.

—¿Cuál dirías que te está costando más interiorizar?

—La número 2. La de aprender a desear lo que tengo ahora.

—Entiendo. Falta poco para llegar. Voy a subir el ritmo.

Lasio espoleó al caballo para que fuera más rápido. Marcos aceleró el ritmo, aunque quedó varios pasos por detrás. Desde lejos, la ciudad de Tarraco se alzaba majestuosa ante sus ojos.

CAPÍTULO IX

Controla tus reacciones internas

Mi voluntad sería tener los tormentos lejos de mí; pero si hubiere que padecerlos, será mi deseo comportarme en medio de ellos con fortaleza, honestidad y valor. ¿Por qué no voy a preferir que se evite la guerra? Pero si se produce, mi deseo será soportar con magnanimidad las heridas, el hambre y cuantas desgracias acarrea la fatalidad de la guerra. No soy tan demente para querer enfermar; pero si he de soportar la enfermedad, será mi deseo no comportarme con impaciencia... Así que no es la contrariedad lo deseable, sino la virtud con que soportamos la contrariedad.

Séneca

Cuando Marcos llegó a la escuela, estaba exhausto. La tensión emocional sufrida, sumada a lo poco que había dormido, le había dejado totalmente sin fuerzas y comenzaba a tener un intenso dolor de cabeza. Entró a la escuela deseando llegar a su habitación para meterse en la cama, olvidarse de todo y encerrarse en su mundo y sus pensamientos. Sin embargo, justo cuando se disponía a abrir la puerta para entrar...

—¿Dónde vas, Marcus? ¿Quién te ha dicho que habíamos terminado? —le inquirió Lasio.

—¡No, por Dios! —dijo Marcos—. Un poco de descanso. No vas a sacar mucho de mí en este estado.

—Esto es un entrenamiento. Además, no tenemos mucho tiempo. Como te dije en su momento: aprende a gestionar que «cuando crees que se ha acabado..., no ha hecho más que empezar».

—Dame un poco de agua al menos. Déjame unos minutos para beber y mentalizarme.

—¿Agua? Si eso es lo que quieres, tranquilo, el entrenamiento te encantará. Sígueme.

—¡Otra vez aguantar la respiración! Ya aprendí esa lección. Déjame descansar, te lo suplico, lo haremos mucho mejor en unas horas.

—Sígueme ahora mismo —repitió Lasio en un tono de voz autoritario y serio mientras bajaba del caballo.

Marcos lo siguió hacia la zona de las termas. No quería anticipar qué vendría a continuación, pero, como sentía que el entrenamiento ya había sido suficientemente intenso física y mentalmente, se le cruzó por la mente que Lasio le permitiría relajarse allí para descansar y retomar más adelante actividades más duras.

Lasio fue directo a un recinto con la puerta cerrada. Cuando entraron, Marcos no pudo evitar sentir una sensación de frescor y humedad. Había una piscina de dos por dos metros cuadrados.

—Quítate todo menos el *subligaculum* y métete dentro de la piscina con el agua hasta el cuello.

Marcos se quitó la ropa y tocó con un pie el agua. Estaba completamente helada.

—Has dado en mi punto débil. No soporto el frío. ¡Es superior a mí!

—Entra ahí dentro.

—¡Entro hasta el cuello y salgo, eh!

—Entras hasta el cuello bajando uno a uno los escalones a un ritmo constante y sin detenerte en ningún momento. Y sales únicamente cuando consigas haber controlado tu estado emocional.

Al hablar de estado emocional Marcos pensó que lo que Lasio quería era que fuera capaz de mantenerse calmado y no quejarse dentro del agua. Así que pensó que sería una prueba difícil, porque no soportaba el frío, pero a la vez fácil de fingir y hacer con celeridad.

Comenzó a bajar los escalones uno por uno. A la altura de los gemelos ya notaba cómo el frío le subía a todo su cuerpo, pero mantuvo el tipo y no se quejó con la clara intención de mostrar el control de su estado emocional. Cuando llegó a la altura de la cintura, ya comenzó a soltar quejidos, arrugar la cara y resoplar:

—¡Ufffff! Vaya tela. Vaya tela. Cómo está esto...

Se paró un par de segundos cuando el agua le alcanzó la cintura, pero, como quería acabar cuanto antes y mostrar su fortaleza mental, tomó aire, se decidió y, cuando el agua le estaba llegando al ombligo se tiró de un salto a la parte más profunda. Se sumergió por completo. Al sacar la cabeza, comenzó a mover con furia todo el cuerpo para tratar de aclimatarse. Lasio no decía nada. Tras unos segundos de golpes y chapoteos en el agua, Marcos se quedó quieto unos segundos. Miró a Lasio y dijo:

—Mírame. Conseguido. Estoy aquí dominando el estado emocional. ¿Me salgo ya?

—Sal y sécate por completo.

Marcos salió contento, triunfal y con una única cosa en la mente: la cama. Se secó con una toalla. Volvió a tener frío e hizo además de vestirse. En ese momento, Lasio rompió el silencio:

—Repite toda la tarea, pero esta vez hazla bien y con dominio de la mente.

—¿Cómo? He hecho lo que me has pedido y me he quedado ahí un rato. He dominado la mente: te aseguro que el mensaje que me ha trasmitido es el de no meterme ahí ni loco, y lo he vencido. He mostrado quién manda, y me he zambullido en el agua con total decisión.

—Cierto, esa parte la has logrado: has vencido al pensamiento primitivo. Digamos que con eso te has demostrado que tienes fuerza de voluntad y mandas tú en las decisiones. Enhorabuena.

—Entonces: ¿qué es lo que quieres?

—Quiero que no solo mandes en las decisiones, sino que seas capaz de hacerlo en las reacciones del cuerpo.

Marcos negaba con la cabeza y resoplaba. Entendía perfectamente lo que Lasio le decía y le pedía, pero no se veía con fuerzas, se rebelaba ante el esfuerzo que sabía que tendría que hacer para conseguir lo que Lasio le demandaba.

—¿Qué hago para que me dejes en paz?

—Para empezar, bajar tooodos los peldaños de uno en uno y bajo control emocional. Quiero que llegues hasta abajo con total dominio. El control ha de venir de tu mente, no del movimiento y de los espasmos que realizas. —Lasio calló unos segundos—. Dime, ¿cómo crees que han reaccionado tu cuerpo y tu mente frente a la tarea?

—Eres muy pesado, tío, muy pesado. Estoy cansado, ¿no lo entiendes? Ahora mismo es muy difícil que atienda a todo lo que dices. Si me dejas descansar, conseguiremos un entrenamiento de más calidad.

De repente, de la nada, totalmente imprevisto y a una velocidad sorprendente, Lasio lanzó un puñetazo en la mejilla de Marcos que le cruzó la cara y le dejó desorientado por unos segundos. Lo único que Marcos fue capaz de percibir fue cómo su cabeza giraba y obligaba a su cuello a retenerla. Después, un fuerte dolor.

—Si vuelves a faltarme el respeto, eres hombre muerto. Descansar no es una opción. El dominio de la mente sí que lo es. Dime, ¿cómo ha reaccionado tu cuerpo al introducirte en el agua?

Marcos se tocaba la boca y se miraba la mano por si tenía sangre. También movía la mandíbula para asegurarse que todo estaba bien. Cuando se hubo cerciorado de que todo parecía en orden, contestó:

—¡Pues queriendo salir y que se acabe cuanto antes! Hacer la tarea y punto. Al grano.

—Correcto. ¿Y qué pasa cuando haces algo pensando en que se acabe cuanto antes?

—Que te precipitas, que te saltas pasos, que te centras en qué hay que hacer, pero no en cómo, que no lo disfrutas, que te pones en manos de la situación...

—Muy bien, Marcus. Perfecto. Pues ahora domina tu mente, controla la situación y repítelo todo.

Marcos no tenía nada de ganas, pero era cierto que al responder a las preguntas de Lasio se iba dando cuenta de que era capaz de razonar de formas que hasta ese momento nunca había imaginado.

—Ahora, cuando llegues al escalón de la cintura, aquel en el que antes has saltado, quiero que me digas qué estás sintiendo.

Marcos aguzó los sentidos y eso le hizo incluso sentir más frío.

—Ya estoy. A ver... ¿tú que crees que estoy sintiendo?

—No lo sé.

—Frío. Siento frío.

—Sientes frío. Muy bien. Dime otros cambios que se están produciendo en tu cuerpo.

Marcos prestó atención a su interior.

—Incremento de la tensión muscular. Estoy tenso. Mírame los brazos, por ejemplo.

—Correcto. Muy bien. ¿Qué me dices de la cara?

Marcos prestó atención a la cara y se dio cuenta de la tensión que acumulaba: apretaba los dientes, tenía los labios juntos y pequeños en anchura y longitud, fruncía el entrecejo.

—¿Puedes actuar sobre alguno de esos cambios?

—La cara sí, mira cómo sonrío. —Marcos esbozó una falsa sonrisa mirando a Lasio.

—Dime, ¿qué más notas?

—No noto nada más en este momento.

—¿No aprendes nada o qué sucede contigo, inepto?

—¿Cómo que no aprendo nada? Hace un rato, volviendo del bosque, te he hecho una síntesis de todos mis aprendizajes.

—¿Te das cuenta de tu respiración? Baja, por favor, un escalón más y dime qué sucede.

Marcos prestó atención. ¿Cómo no lo había pensado? En cuanto Lasio se lo dijo, era muy fácil darse cuenta de lo que pasaba.

—Sí. En cuanto el agua fría me toca una parte un poco sensible y aún no acostumbrada al frío, tiendo a respirar de una manera rápida y superficial. Además, se me acelera el corazón.

—Y eso te lleva incluso a jadear.

—Exacto.

—¿Crees que si tomas el control de la respiración podrás, a la vez, relajar los músculos del cuerpo y de la cara?

—Creo que empiezo a dominar la técnica de relajación que aprendimos en el barreño. La he practicado sin parar estos tres días. Es mi único entretenimiento cuando estoy a solas.

—Muy bien. Déjame simplemente darte un par de pautas. Lo que te va a pedir tu cerebro animal y primitivo, lo has dicho muy bien antes, es hiperventilar, es quedarte con más oxígeno del que necesitas. Para eso va a forzarte a respirar agitadamente para generar también calor. Además, va a traerte sensaciones muy desagradables para decirte que salgas de ahí, para hacerte sentir muy incómodo y que te vayas. Se trata de que te enfrentes a todo eso.

—¿Cómo?

—Pues demostrando que aquí mandas tú, que tu respiración puede ser comandada por tu cerebro animal, por tu carruaje de caballos, únicamente cuando a ti te interesa que vaya en automático; pero que, cuando quieres, la controlas tú.

—Repito: ¿cómo?

—Pues ahora vas a bajar otro escalón y quiero que, en cuanto apoyes los dos pies, respires al ritmo que yo te voy a marcar.

Marcos bajó el escalón.

—Muy bien, Marcus. Ahora, aunque la mente te dice que tires aire, ¡retenlo! Ahora expulsa el aire en uno, dos, tres, cuatro, cinco, seis, siete. Toma aire de nuevo, uno, dos, tres. Y vuelve a retenerlo hasta diez.

Repitieron ese ejercicio seis veces. Marcos se dio cuenta de que el objetivo era hacer únicamente tres respiraciones por minuto en lugar de las habituales diez o doce que estaba haciendo él.

—Estupendo. Has conseguido bajar la frecuencia respiratoria. Date cuenta de lo importante que es este ejercicio y lo diferente que es respecto al que has entrenado hasta ahora. Con el anterior, buscábamos relajarnos una vez tenemos ya la respiración más o menos controlada. Con este, buscamos retomar el control de nuestra respiración cuando lo hemos perdido totalmente y está en modo supervivencia.

—Lo percibo.

—Sigue tú solo. Debería bastar con hacerlo cinco veces para tomar el control y, a partir de ahí, aplicar la respiración controlada que aprendiste en el barreño.

Marcos se concentró en la respiración. Fue capaz de controlarla y con ello reducir la sensación desagradable; además, consiguió olvidarse del frío.

—Muy bien, mucho más rápido de lo que pensaba. Ahora que ya tienes la respiración, vamos a la técnica de relajación. Empieza de arriba abajo: primero los músculos de la cara, siente cómo se relaja, cómo cambia la expresión, cómo asoma una pequeña sonrisa. Nota cómo los cambios llegan cada vez que tiras el aire. Pasa ahora al cuello: siente cómo quiere dejarse vencer por el peso de la cabeza y permítele que caiga al tirar aire...

Marcos lo consiguió. Fue relajando todas las partes de su cuerpo. Se sentía muy bien. Lasio le dijo que podía salir de la piscina. Lo hizo por los escalones, poco a poco, relajado y con sensación de triunfo.

—Muy bien. Ahora sécate y hazlo de nuevo, pero tú solo.

Marcos lo repitió todo. Tenía ventaja porque ya venía de una relajación previa. No consiguió mantenerse en un estado uniforme porque cada vez que bajaba un escalón volvía a sentir que subía la tensión y el ritmo respiratorio, pero era capaz de reconducirlos hacia la calma. Eso era lo que Lasio quería. Ese era el entrenamiento: ser capaz de reconducir el estado emocional mediante la toma de conciencia y el control de la respiración. El objetivo era que llegara a no alterarse en absoluto y a dominar su cuerpo de tal forma que desde el primer escalón hasta el último se mantuviera uniforme, pero eso lo conseguiría entrenando y ese día ya habían avanzado lo suficiente.

El día a día de Marcos continuó su curso y durante siete días fue totalmente monótono y rutinario. En el amanecer realizaba el entrenamiento en la piscina de agua fría con dos objetivos: el primero, desarrollar la fuerza de voluntad, la sensación de que en su mente mandaba él y podía vencer al pensamiento primitivo que le decía que no quería empezar el día sumergiéndose en agua fría; y el segundo, el de entrenar la capacidad para reconducir su estado emocional hasta dominarlo.

MENTALIDAD DE GLADIADOR

Tras el desayuno y bajo la filosofía de «cuanto más sudes en tiempo de paz, menos sangrarás en tiempos de guerra», realizaban el endurecimiento para aprender a soportar los golpes que luego llegarían en combate.

Finalizado el endurecimiento: barreño de agua con el objetivo de aprender a calmarse y relajarse incluso cuando sentía que nada dependía de él y que su vida estaba en peligro.

Al mediodía, la tarea de Marcos era la de observar todo el entrenamiento de lucha entre los *retiarius* y los *secutor*. Marcos comenzaba a disfrutar mirando los combates. Se preguntaba en qué momento de su entrenamiento se incluiría esa parte, la de la lucha. Había llegado de forma natural a un punto en que deseaba ponerse a prueba, seguir creciendo y evolucionando. Podría decirse que comenzaba a verse preparado y deseaba retarse y dar el paso al siguiente nivel.

Por último, acabada la comida y tras una buena siesta, Marcos realizaba el entrenamiento físico. Los romanos creían en el entrenamiento físico (*exercitio*) como un medio indispensable para mejorar las capacidades físicas, pero también la voluntad y el carácter. Bajo la supervisión del *magistri*[5] Amón, Marcos hacía levantamiento de pesas, arrastraba enormes sacos llenos de piedras... y corría en círculos alrededor del patio cargando con una viga de madera de alrededor de quince kilos.

El peor momento siempre llegaba por la noche, cuando se quedaba solo con sus pensamientos. Ahí se esforzaba en poner el foco en todo lo que sí tenía. Buscaba ser capaz de agradecer las oportunidades que le brindaba esa situación. Y se forzaba en creer que, si afrontaba la situación y lograba

---

5   Los *magistri* eran los encargados de enseñar las prácticas y técnicas gladiatorias (llaves, ganchos, cintas, etc.).

lo que los dioses demandaban de él, podría regresar a su casa algún día siendo mejor persona y un deportista más fuerte mentalmente.

CAPÍTULO X

El juramento de gladiador

Los hombres no son perturbados por los eventos, sino por sus opiniones sobre ellos.
Epicteto

No es porque las cosas parezcan difíciles que no nos atrevemos. Es porque no nos atrevemos que las cosas parecen difíciles.
Séneca

Marcos continuó su rutina de entrenamiento hasta que un buen día, al terminar el desayuno, se dirigió a la zona en la que entrenaban el endurecimiento y no encontró a Lasio allí. Lo buscó con la mirada. Finalmente lo encontró: estaba en la zona de entrenamiento con armas, donde los gladiadores golpeaban con sus *gladius* un palo de unos dos metros de altura. Junto a él había otro hombre que sería igual de alto que Marcos, pero con mucho más volumen muscular.

—¡Lasio, estoy listo para empezar! —gritó Marcos.

—¡Ven aquí! Hoy no comenzamos por el endurecimiento.

Marcos se dirigió, con sorprendente entusiasmo, al lugar donde estaba Lasio.

—Dado tu estado mental y tu falta de memoria, no tengo más remedio que tratarte como a un *tiro*[6].

—¿Qué quieres decir?

—Quiero decir que, aunque empiezas a estar listo mentalmente, te voy a tratar como a alguien que acaba de llegar al *ludus*. Tendremos que evaluar tus capacidades para ver en qué grupo de gladiadores puedes competir mejor.

—Me dijiste que yo era de los mejores, no puedes ponerme ahora en la base de la pirámide —contestó Marcos herido en su orgullo como buen deportista competitivo que era.

—Ese será tu reto ahora, Marcus: demostrarnos que sigues en lo más alto.

—Dices que *tiro* es lo más bajo. ¿Cómo funciona la escala que utilizáis?

—Te lo recuerdo:

- El menor nivel es el del *tiro*. Un gladiador lo es hasta que gana su primer combate.
- Una vez ganado el combate pasa a ser *veteranus*. Dentro de este nivel hay cuatro categorías: *quartus palus, tertius palus, secundus palus* y *primus palus*. Este último es el superior, es en el que estás tú.

—Has dicho *estás* y no *estabas*, me gusta. También me dijiste que dominaba dos estilos de lucha.

—Eso te dije. Y sigo convencido de ello, pero para eso tendrás que dejar que salgan a la luz esas habilidades.

Lasio giró la cabeza hacia el hombre que tenía al lado:

—Este de aquí es Kaleido, uno de mis mejores doctores[7]. Fue un gladiador de mucho éxito. Consiguió la *rudis*[8] hace un

---

6   'Aspirante a gladiador recién llegado al *ludus*'.

7   Los doctores eran los entrenadores. Debido a su edad o estado físico, estaban auxiliados por los *magistri*, gladiadores recientemente retirados o incluso en activo, pero que aún no podían aspirar a doctores.

8   'Libertad'.

MENTALIDAD DE GLADIADOR

par de años, pero ama tanto este arte que me pidió seguir ligado a él. Es un grandísimo entrenador y es el jefe de Amón, con quién has estado entrenando tu condición física. Yo estaré aquí supervisando el proceso, pero hoy estarás en sus manos.

—¿En serio no te acuerdas de mí? Ja, ja, ja —la voz de Kaleido sonaba muy profunda y con una autoridad y seguridad aplastantes. Marcos pagaría por tener una voz así y trasladar esa confianza al hablar—. Vamos a empezar con la espada. Quiero que cojas este *gladius* de madera y golpees de distintas maneras el *palus*. No pares hasta que te lo digamos, tú solo haz lo que creas conveniente y golpea, golpea y golpea. Nosotros observaremos.

Marcos cogió la espada con la mano izquierda. Desde pequeño le había pasado: era diestro para jugar al fútbol y, en cambio, era zurdo para todas las tareas manuales.

Kaleido y Lasio se miraron con una sonrisa reconfortante. Marcus seguía siendo zurdo, una característica que se apreciaba muchísimo en los gladiadores, pues ayudaba en los combates por su singularidad.

Marcos no acababa de meterse en el papel y se sentía como un niño con un juguete. Una espada corta y de madera. Por dentro se sentía algo ridículo. Él solo, golpeando con una espada de madera a un palo... Comenzó a hacer movimientos, golpeaba de un lado y de otro, siempre en una especie de posición de guardia de boxeo con la pierna derecha adelantada. Kaleido y Lasio observaban.

Poco a poco, empezó a darse cuenta de que la espada no tenía un peso normal. Debía de estar lastrada y, aunque en una primera aproximación se podía levantar y mover con relativa facilidad, cuando ya llevaba unas cuantas estocadas, comenzó a sentir cansancio en el brazo. Kaledio y Lasio lo notaron:

—Continúa con energía. Un combate viene a durar un cuarto de hora: tú no llevas ni tan siquiera una quinta parte

de ese tiempo golpeando al *palus* y ya se te ve sin fuerzas...
—dijo Kaleido.

—No retengas la respiración. Tira el aire cuando golpeas —ordenó Lasio.

Marcos se fue metiendo en el papel cada vez más.

—No pienses en tus movimientos. Solo ocúpate de la respiración, Marcus: coordínala con el golpe y déjate llevar. Golpea como tu mente primitiva considere que debe hacerlo —le decía Lasio.

Marcos comenzó a dejar de estar estático de cintura para abajo. Comenzó a mover las piernas, a soltarse. No pensaba en nada, solo en su respiración. Y empezó a dar golpes que ni siquiera él sabía cómo se le podían ocurrir. Atacaba abajo, arriba, otra vez abajo. Giraba el cuerpo en diagonal a la derecha y golpeaba desde allí, pasaba una pierna por detrás de la otra y con el impulso saltaba y atacaba arriba y más fuerte...

Lasio y Kaleido comenzaron a cambiar el semblante. Ahora sí empezaban a ver movimientos interesantes.

De repente, fruto del cansancio, Marcos paró a respirar y se apoyó con las dos manos en las rodillas para coger aire.

—No pares —ordenó Kaleido—. Descansa combatiendo. Aquí se para cuando yo lo diga.

Marcos retomó la lucha. Primero con golpes más blandos, pero poco a poco creció desde ahí y de nuevo tomó fuerzas para atacar con fuerza, dinamismo y determinación, sin pensar en nada más allá de coordinar golpeo y respiración.

—Puedes parar —dijo Kaleido cuando hubo transcurrido algo más de un cuarto de hora.

Marcos arrojó la espada al suelo y se situó con los brazos en jarra esperando órdenes mientras recuperaba la respiración.

—Me he dado cuenta de que has comenzado golpeando al palo con el filo de tu espada y que, conforme has dejado que tu mente primitiva tomara el mando, han predominado los golpes con la punta de la espada sobre el *palus*. ¿Por qué has hecho eso? —le preguntó Kaleido.

—No me he dado ni cuenta de haber hecho eso, doctor —contestó Marcos.

Se hizo el silencio.

—Ahora que lo pienso... —retomó Marcos—, tiene sentido. Con los filos de la espada cortaré al enemigo y lo heriré, pero, si quiero ser más agresivo, con la punta puedo hacer heridas mucho más profundas y peligrosas para mi rival.

—Muy bien, Marcus. Muy bien. Parece que Lasio va a tener razón y no te hemos perdido del todo. Recuerda, el *gladius* está diseñado para penetrar en el cuerpo del enemigo, preferiblemente por el ombligo, hasta llegar al corazón atravesando todos los órganos que se encuentra en el camino.

Marcos cambió el semblante al oír esos detalles. Le hacían tomar conciencia de que lo que estaba haciendo no era, ni mucho menos, un juego.

—Desde luego —continuó Kaleido— que has realizado aquí golpes que no son los de un principiante, aunque, por otro lado, sí creo que has obrado como uno en relación con la conservación de tu energía. Ha habido algunos movimientos exagerados, inútiles y superfluos que te han hecho ir perdiendo energía y pueden limitarte muchísimo en combate.

—Me gustaría que fueses un poco más concreto, doctor. Si solo me dices eso, no podré corregirlo.

—Tranquilo. Hoy estamos observando. No tenemos por qué darte nada. Nos tienes que dar tú a nosotros. ¡Traed el *scutum*[9] y las piedras! —dijo dirigiéndose a los dos esclavos que estaban presentes en el entrenamiento—. Ahora queremos

---

9 'Escudo'.

verte con el *scutum*, que, como sabes bien, puede ser tanto un arma de protección como de ataque.

El escudo era ovalado y medía 1,10 metros de alto y 0,90 metros de ancho. Estaba fabricado en madera, recubierto con piel de ternera y después con unas bandas de hierro que servían de protección contra las puntas de las espadas.

Marcos lo cogió con la mano derecha y se lo colocó instintivamente por debajo del mentón para protegerse el pecho y el cuello. Le sorprendió su peso, estimaba que entre seis y ocho kilos. Le costaba imaginarse luchando rítmicamente con una espada y teniendo que cargar con ese peso.

—Un momento —dijo Kaleido—. ¿Dónde está el casco?

Los dos esclavos salieron corriendo en su búsqueda. Al cabo de unos segundos volvieron con uno diseñado para cubrir por completo la cabeza. Marcos se lo puso con esfuerzo y sintió un gran peso sobre el cuello; no en vano, pesaba seis kilos. La visión de Marcos estaba totalmente reducida a lo que fuera capaz de ver por unos agujeros que se repartían por toda la cara. Además, le costaba respirar y su capacidad auditiva se había reducido de manera considerable. Lo único que oía era su propia respiración, que al inspirar le hacía sentir que estaba oliendo monedas usadas y al espirar le devolvía un sonido metálico por el paso del aire por los agujeros. Era, en definitiva, una sensación agobiante.

Kaleido y Lasio se colocaron detrás del *palus* con un saco lleno de piedras del tamaño de un puño.

—Tu misión es llegar, desde donde estás, hasta el *palus*. Vamos a tirarte piedras una a una. Deberás evitar que te golpeen utilizando tu *scutum*. Y, cuando llegues al *palus*, dejaremos de lanzártelas para ver cómo lo atacas.

Marcos no dijo nada, pero, al escuchar la explicación del ejercicio, instintivamente, encogió el cuerpo tratando de caber, todo él, en el interior del escudo. Inmediatamente agachó la cabeza tras el escudo. Al ver la reacción de Marcos, Kaleido miró a Lasio con cara de asco:

—Es muy triste observar esto, Lasio. Hemos perdido a un hombre valiente como pocos y nos hemos quedado con un auténtico despojo cobarde.

—Ten paciencia con el chico. Estoy convencido de que recordará quién es.

Movido por la decepción y la frustración, Kaleido comenzó a tirar piedras sin haber avisado que comenzaba el ejercicio. Tiraba las piedras con toda la fuerza y precisión posibles. Marcos avanzaba a pequeños pasos, pero prácticamente de rodillas. Las piedras de Kaleido golpeaban el escudo, pero no porque Marcos fuera hábil en su utilización, sino porque era muy difícil encontrar un hueco por el que penetrar con ellas.

Con cada golpe sobre el escudo, Marcos se asustaba más. La velocidad con la que lanzaba las piedras Kaleido podría ser mortal si acertaba con el golpe en la cabeza. A los pocos segundos Marcos quedó totalmente paralizado tras el escudo: no podía convencer a su mente para seguir avanzando. Al ver esto, Kaleido tomó la palabra:

—Este ejercicio no tiene sentido. Ya hemos visto lo que teníamos que ver. Suelta el *scutum*, cobarde. Me has sorprendido con el *gladius*. Reconozco que no esperaba verte tan bien como te he visto. Pero combatías tú solo contra un palo. No había emoción. No había riesgo. Sin embargo, en el momento en que has podido recibir un daño, ya me has mostrado que no dominas tu mente. El miedo se ha apoderado de ti.

—¿Por qué dices eso? ¿Qué querías que hiciera? —respondió Marcos frustrado.

—Apártate —dijo Kaleido dirigiéndose hacia Marcos.

Kaleido cogió el escudo y dijo:

—Esto es lo que esperaba de un gladiador como tú.

Hizo una seña a Amón y de inmediato este empezó a tirarle piedras mientras Kaleido avanzaba valiente sujetando el escudo en un lateral del cuerpo.

Kaleido iba repeliendo las piedras una por una. Era él quien golpeaba las piedras. El escudo permanecía siempre en un lateral y lo movía para protegerse. No se escondía tras él, sino que era un acompañante de su caminar sobrio y decidido hacia el *palus*. Cuanto más se acercaba al palo, los lanzadores estaban más cerca de él, lo que reducía su tiempo de reacción. Sin embargo, en lugar de protegerse más, parecía como si su determinación aumentase. Estaba convencido de que no recibiría ninguna pedrada o, mejor aún, parecía que estaba dispuesto a asumir que podría recibir alguna y que no pasaba nada. Llegó al *palum*, las piedras pararon y, en un abrir y cerrar de ojos, hizo un leve movimiento hacia abajo con el cuerpo flexionando las piernas y llevando los hombros hacia el suelo para, a continuación, subir con una fuerza increíble el escudo, golpear el *palum* y sacarlo del lugar en el que estaba clavado.

Kaleido se giró hacia Marcos:

—Así es como se comporta un gladiador: sin miedo, con decisión, con determinación. Lo tuyo ha sido una completa deshonra.

—Lo siento, doctor. Era la primera vez que lo hacía. Compréndeme.

—El problema aquí es que tú mismo te has creído tu historia. No es la primera vez que coges el *scutum*. ¿A quién quieres engañar? Te advierto que yo no soy tan comprensivo como Lasio. Yo soy un hombre de acción y valores. Y con los de un gladiador no permito que nadie juegue. Puedo soportar la derrota. Puedo soportar una mala ejecución técnica. Pero nunca nunca nunca soportaré una deshonra a los valores del gladiador. ¿Has olvidado el juramento del gladiador?

—Lo siento, doctor. No sé de qué me hablas.

—Del juramento del gladiador, de las palabras que todo hombre que se dedica a este arte debe jurar respetar hasta la tumba.

—¿Cuáles son esas palabras, doctor?

Kaleido echó los hombros atrás, subió el pecho y la barbilla, y adoptó un tono solemne.

—«Soportaré que me quemen, que me aten, que me golpeen y que me maten con la espada».

Marcos escuchaba. Kaleido subió el tono de voz, bajó el ritmo y repitió:

—«Soportaré que me quemen, que me aten, que me golpeen y que me maten con la espada». ¿Te das cuenta, Marcus? En ningún momento se habla de luchar, de ganar, ¡ni tan siquiera de sobrevivir! Se habla de soportar. —Kaleido repitió silaba a silaba—: so-por-tar. Nuestra misión es ser capaces de soportar todo lo que nos llega. Pero no de cualquier modo, sino con valentía y honor. Nos preparamos para eso, para soportar. Para hacer frente a la adversidad. Ahora dime: ¿lo que has hecho tú es hacer frente a la adversidad o esconderte?

Un silencio solemne reinó en el lugar. Kaleido continuó hablando:

—Los gladiadores somos un gran ejemplo para todo el imperio. Como dijo el gran Cicerón: «Aun cuando existen muchos métodos para enseñar a despreciar el dolor y la muerte, no hay disciplina mejor para los oídos y más elocuente para los ojos que un espectáculo de gladiadores... Pero los gladiadores, los infames, los bárbaros, ¿hasta dónde no llega su valor? Conocen bien su profesión y acaso ¿no prefieren recibir un golpe que esquivarlo en contra de las reglas?... ¿Ha gemido alguna vez uno de ellos? ¿Ha hecho gestos de dolor? ¿No ha resistido hasta el final de pie? ¿Alguno, al caer abatido, ha esquivado el cuello cuando le ordenan dejarse matar? Esto lo logra el entrenamiento, la preparación mental, la práctica...». Este es nuestro credo. Y, si se te ha olvidado, apréndetelo de memoria. No permitiré que nadie manche no solo esta escuela, sino el mundo gladiatorio con conductas como la tuya. Lo siento. No estás preparado.

Kaleido acabó la exposición, se dio la vuelta y se fue solemne.

Lasio se disponía también a irse cuando Marcos lo interrumpió:

—Lasio, no te vayas, por favor. Quiero aprender. Quiero encarnar los valores y la mentalidad del gladiador. He avanzado mucho, te lo aseguro. Ayúdame a continuar progresando, te lo imploro. Los dioses me han puesto aquí para eso. ¡Es justo lo que necesito ser!

—Tranquilo. Llevo mucho dinero invertido en ti. No voy a echarte a perder así de rápido. Esta tarde te explicaré lo que te ha pasado y voy a preparar un entrenamiento para mañana. Ahora me gustaría que reflexionaras tú a solas, mientras descansas y comes algo, sobre todo lo que hemos hecho y has vivido hoy aquí. Cuando termines, ven de nuevo a verme y continuaremos con el entrenamiento.

Marcos se quedó solo y con una sensación desagradable parecida a la de una derrota deportiva en la que sientes que no has hecho todo lo que tenías en tu mano para tratar de evitarla.

Lasio, por su parte, alcanzó a Kaleido y caminó con él conversando.

—Después de lo que hemos presenciado en el entrenamiento con el *palus*, creo que, aunque Marcus domina el estilo del *secutor* y el del *retiarius*, tenemos que especializarlo en este último —dijo Kaleido.

—Sí. Aunque he de decirte que no lo vi mal con la espada, es cierto que ha perdido mucha fuerza y masa muscular, y eso, unido a su inseguridad y falta de memoria, le restará mucha fluidez en los movimientos cuando tenga que cargar con el escudo y toda la armadura.

—Yo, ahora mismo, no lo veo ni de *retiarius* —replicó Kaleido—. Está muy inseguro y el *retiarius* no lleva ningún tipo de armadura. Creo que se hará pequeño y se paralizará a la mínima.

—Yo me encargo de que pierda ese miedo mañana mismo. Tú prepáralo todo para que en una semana pueda tener un primer combate de entrenamiento con la red y el tridente contra un *secutor primus palus*.

—¿Un *primus palus*? ¿Piensas que en una semana estará preparado para enfrentarse contra los mejores?

—Tú solo haz lo que te ordeno.

—Así lo haré, Lasio.

CAPÍTULO XI

Controla el cuerpo para controlar la mente

Si encuentras un hombre que enfrenta los peligros con coraje, que no se ve afectado por sus deseos, feliz en la adversidad, calmado en medio de la tormenta, ¿no es cierto que sentirás veneración por él?
Séneca

Marcos no comió nada. Estaba muy desanimado y, por primera vez desde que había llegado allí, sentía que no iba a poder conseguir lo que le pedían. Se quedó encerrado en la habitación hasta que consideró que era el momento de buscar a Lasio. Salió a la zona de entrenamiento, pero no lo encontró. Aprovechó ese momento para quedarse sentado en su pared de siempre. Se puso a meditar.

«¿Qué puedo hacer para motivarme?», se preguntó. Recordó el juramento del gladiador. Era justo lo que él necesitaba, lo que él quería ser. Era esa la mentalidad que deseaba tener para poder explotar todo el potencial que sabía que tenía como jugador de fútbol. «Qué gran oportunidad me está regalando la vida —se dijo—. Si soy capaz de conseguir la mentalidad del gladiador y puedo volver a mi época, seré un deportista imparable».

Controla el cuerpo para controlar la mente   99

Estaba sumido en sus pensamientos cuando, en la esquina opuesta, observó cómo Lasio le hacía gestos con la mano para que acudiera donde él estaba. Se desplazó caminando lentamente, apesadumbrado. A mitad de trayecto, tomó conciencia de su estado emocional y decidió asumir el mando. No podía presentarse así ante Lasio.

—Lo siento mucho —comenzó Marcos—, te he fallado. No he sido capaz de tener la mentalidad del gladiador.

—No has sido capaz, eso es evidente. Pero dime: ¿sabes por qué no lo has sido?

—¿Por qué?

—Porque no puedes cambiar la mentalidad si antes no lo haces tú.

—¿Cómo? ¿No se trata de cambiar mi mentalidad para cambiarme a mí mismo?

—No. Las personas se empeñan en cambiar la mentalidad cuando en realidad lo que han de modificar es su forma de actuar para acercarla a la de aquella persona en la que se quieren convertir. Si tú quieres tener mentalidad de gladiador, entonces has de convertirte en uno con tus actos. Has de definir tu yo ideal, tu referente. Y a partir de ese momento, en cada situación, has de preguntarte: ¿cómo se comportaría aquí un gladiador? ¿Me estoy comportando como aquel que yo quiero ser? Y así, a base de cambiar tus conductas, te irás convirtiendo en la persona que quieres llegar a ser. A lo mejor no lo consigues en todo momento y situación, pero simplemente el hecho de tener definido cómo quieres ser aumenta la probabilidad de que te comportes en sintonía y, además, te ayuda a tomar conciencia de los momentos en los que no lo estás haciendo.

—Entiendo. Pero para poder hacer eso, necesito herramientas. No basta decir que un gladiador se comportaría caminando valiente con el escudo en un lateral. Necesito herramientas para poder aplicarlas y que me ayuden a esquivar las piedras.

MENTALIDAD DE GLADIADOR

—Marcus, déjame que te explique lo que te ha sucedido. Podríamos decir que es normal para una persona común, pero no para un gladiador. Los gladiadores dominan su mente.

—Lo sé. Tuve miedo a que una piedra me golpeara.

—Tú no tuviste miedo: tu mente animal tuvo miedo y ese miedo se apoderó de ti. Aprende de una maldita vez que tú no eres tu mente animal.

—Creo que en eso he avanzado mucho. Pero tienes razón: hice mío el pensamiento primitivo de que sufriría un daño. Me identifiqué con él. No estuve por encima.

—¿Y qué quiso tu mente animal de ti en ese momento?

—Que me protegiera.

—Correcto. ¿Y cómo lo hiciste?

—Escondiéndome tras el escudo.

—Sí. Pero ¿te diste cuenta de lo que sucedió con tu cuerpo?

—No.

—Te hiciste pequeño.

—Claro, para caber tras el escudo.

—No. Eso es lo que tu mente quiere que tú creas. Mira, Marcus, aunque no hubiera existido escudo, te habrías hecho pequeño.

—¿Qué quieres decir?

—Es el fundamento básico de la mente animal: ante la amenaza, ante la inseguridad, si no se percibe capaz de afrontarla, protege las zonas débiles del cuerpo. ¿Cuáles crees que son las zonas débiles?

—Todas.

—Son todas, pero, particularmente, para un cerebro animal, lo son la yugular, porque es donde tratan de atacarse los animales para darse muerte; los costados del cuerpo y los genitales. Y eso provoca que para proteger esas zonas tu mente animal quiera que te encojas. Instintivamente bajas la cabeza y subes los hombros para proteger la yugular y, a la vez, pegas los brazos al cuerpo y te haces un ovillo. ¿Te suena de algo?

—Sí. Es lo que hice yo.

—¿Te diste cuenta de cómo afrontó Kaleido el ejercicio?

—Sí: haciendo todo lo contrario. Me di cuenta de que tenía los brazos abiertos y separados del torso, la cabeza arriba y el pecho fuera.

—Eso es. Se llama postura poderosa. Y es así como debes empezar cada combate. Luego, durante el combate, irán pasando cosas que alterarán esa pose, pero debes tratar de volver siempre a ella.

—Entiendo. Pero Kaleido hizo eso porque conoce sus cualidades con el escudo, confía en ellas y eso le permite ese comportamiento.

—Sí. Cierto. Entonces, ¿quieres decirme que hasta que tú no domines el *scutum* no te comportarás así?

Marcos se quedó esperando. Lasio continuó:

—¿Qué llega antes: el huevo o la gallina?

—Si yo me hubiese comportado así, me habría llevado alguna pedrada.

—Seguro. ¿Y?

—Que me hubiera hecho mucho daño.

—Eso es lo que tú te imaginas. Pero así y todo... repito: ¿y? Con tu conducta te libraste del daño físico, pero no evitaste el mental. Un daño mucho peor: el de saber que no fuiste fiel a tus principios como gladiador. Un gladiador no quiere ningún daño, pero, si llega, sabe que puede soportarlo. Y el que entiende esto se vuelve imparable.

—Imparable si no lo matan.

—Exacto. Solo la muerte detiene su determinación. ¿Es que no has aprendido nada en el endurecimiento?

—He aprendido que puedo soportar mucho más de lo que creo. Y he aprendido que lo que al principio me vencía, ahora ya soy capaz de soportarlo.

MENTALIDAD DE GLADIADOR

—Exacto. De todas formas, mañana tendremos que llevar el entrenamiento a un nuevo nivel. No tengo más remedio, aunque soy consciente de que eso implicará unos días de retraso en tu formación.

—Estoy avanzando mucho. Estoy mentalizado. Voy a cumplir mi misión aquí.

—No te hagas pequeño, Marcus. Te estamos entrenando para salir a combatir contra un rival que va a luchar por su vida. ¿Qué crees que pensará tu contrincante si te ve encogido?

—Lo entiendo.

—No solamente le estás dando un mensaje sobre ti, sino que le estarás reforzando su propia imagen porque ya sentirá que te va ganando el combate. Al verte con ese miedo, estarás alimentando su confianza en sí mismo.

—Cierto.

—Te acabará saliendo solo, pero un momento sin confianza como el actual vas a tener que forzarlo, amigo. Tu cerebro animal y primitivo está al mando de las operaciones y no está seguro, por lo tanto, si lo dejas, te hará pequeño, te pedirá que te protejas y que huyas. Tienes que tomar el mando.

Marcos cambió la postura. Comenzó a forzarlo desde ese mismo instante mientras continuaban la conversación:

—¿Y qué me dices de tu cara?

—¿Qué le pasa?

—Ya habíamos hablado de eso, amigo, has de tomar el control. Empieza por ahí. ¿Sabes qué fue lo primero que hiciste cuando Kaleido te dijo que tenías que hacer el ejercicio con el *scutum*?

—No dije nada. Sabía que me estabais poniendo a prueba y no emití ni una sola queja. Directamente me puse en la tarea. Estoy muy orgulloso de mi reacción.

—Tu cuerpo y tu cara hablaron por ti. Lo primero que hiciste cuando te dijo que te iban a tirar piedras fue negar con la cabeza. ¿Eso te parece no quejarte? ¿Eso te parece centrarte en la tarea? ¡Estuviste así hasta que cayó la tercera piedra! ¿Eso te parece determinación? Ya puedes adoptar una postura todo lo vigorosa que tú quieras: si estás negando con la cabeza, ¿qué estás transmitiendo a tu enemigo?

—Que las cosas no van como yo quiero.

—Exacto. ¡No paras de dar pistas! ¡Eres muy fácil de leer! Levanta la cabeza, mira al reto que tienes por delante y empieza a decir que sí. ¡Asiente con la cabeza cuando te dispongas a hacer alguna cosa! Verás cómo cambia tu manera de afrontarlo.

—Tiene sentido. Lo haré.

—Y, por último, una advertencia: ¿sabes lo que va a pedirte tu mente animal cuando cometas un error luchando o te hagan daño?

—No lo sé.

—Tu mente va a congelarte, va a dejarte paralizado. Y eso en un combate es peligrosísimo. Si cuando recibes el primer golpe inesperado te quedas totalmente paralizado y congelado, te van a rematar. Apréndete eso para ti y para aplicarlo sobre el rival. Cuando no esperes alguna cosa, sea un error o un golpe sorpresa, vas a quedarte paralizado por unos segundos, y esos son los segundos de la muerte.

—¿Por qué pasa eso?

—Por dos razones. La primera: la mente animal está diseñada para prestar toda su atención al estímulo que causa una sorpresa. Si algo nos sorprende, hay unos segundos de búsqueda, nuestra mente quiere averiguar qué ha pasado. Y, por otro lado, si cometemos un error, también hay unos segundos de pausa porque nuestra mente quiere encontrar la causa del error. Pero combatiendo no existen esos segundos, amigo. Más vale que los utilices a tu favor y no en tu contra.

—Entonces, si es una respuesta que sale sola, ¿qué hago?

—Debes educar la mente. Debes automatizar una respuesta ante esas situaciones. Debes aprender, ante un golpe, a automatizar un movimiento instantáneo, ya sea de ataque o de separación, pero debes tener uno que salga sin pensarlo.

—¿Qué movimiento?

Lasio hizo un gesto con la mano y un esclavo le dio un tridente y una red de *retiarius*.

—Ven aquí. Te mostraré una maniobra de contraataque y otra de evasión tras recibir un golpe.

—De acuerdo. Muchas gracias.

Era la primera vez que Marcos cogía el tridente y la red. No sabía la razón, pero se sintió mucho más cómodo al entrar en contacto con ellos que cuando cogió por primera vez la espada.

—Deja la red en el suelo y empecemos con el tridente —ordenó Lasio—. Si en algún momento tienes las manos disponibles, la forma correcta de manejar el tridente es sosteniéndolo con la mano dominante en la empuñadura y la otra más abajo. Esto te dará un mayor control sobre él y te permitirá realizar movimientos rápidos y evasivos.

Mientras le estaba explicando, e incluso antes de finalizar su explicación, Lasio percibió que Marcos ya había adoptado la pose. Se dio cuenta de que estaba sujetando perfectamente el tridente en posición vertical, pero ligeramente inclinada hacia delante para apuntar al oponente. Estuvieron practicando cerca de una hora cómo utilizarlo para apuñalar, bloquear golpes o desarmar al oponente.

A lo lejos, Kaleido observaba y asentía con la cabeza. Lasio puso fin al ejercicio con tridente.

—Muy bien, Marcus. Buen trabajo. Ahora coge la red con la mano derecha mientras portas el tridente con la izquierda.

De nuevo sorpresa. Sin necesidad de explicación, Marcos sostuvo de manera perfecta el tridente con la izquierda y agarró la red desde su empuñadura central, lo que le permitía levantarla y desde ahí girarla y lanzarla sobre el rival. La red tenía unos dos metros de diámetro. Marcos comenzó a girarla en el aire sobre su cabeza.

—¿Qué se te ocurre que puedes hacer con la red? —preguntó Lasio.

—Puedo capturar a mi oponente así. —Marcos lanzó la red sobre Lasio, quien no esperaba ese movimiento, y lo capturó.

—Si vuelves a hacer eso, te despellejo —dijo Lasio pretendiendo mostrar enfado, aunque en realidad sentía gran sorpresa y alivio de ver que Marcos por fin parecía ser él.

—¡Uau, te he cogido a la primera! No es nada fácil esto que acabo de hacer, ¿eh? Ja, ja, ja —replicó Marcos con orgullo.

Observando la situación, Kaleido se acercó corriendo donde estaba Marcos. Sin mediar palabra, fue directo a por él. Llegó corriendo a embestirle. Marcos soltó el tridente y comenzó a utilizar la red para protegerse con ella y desviar los golpes de Kaleido. En uno de esos movimientos se agachó para esquivar un puñetazo cruzado a la cara; de manera instintiva, observó que las piernas de Kaleido quedaban expuestas, las envolvió con la red y lo tiró al suelo.

Marcos reaccionó con orgullo de ser consciente de lo que había hecho, pero al mismo tiempo tenía miedo de qué haría Kaleido cuando se levantara. No le dio tiempo a pensar mucho. Inmediatamente por su espalda llegó el *magistri* Amón, lo embistió con todo su peso y lo lanzó al suelo. Antes de que pudiera darse cuenta ya lo tenía encima dispuesto para rematarlo.

—¡Quietos! —gritó Lasio—. ¡Se acabó por hoy! Marcus, dedica la tarde a poner a tono esos músculos. El entrenamiento mental se va a endurecer mucho mañana. Toma. Te he escrito aquí el juramento y el poema de Cicerón. Apréndetelos de memoria y recuérdalos frente a la dificultad. Como te he dicho antes, es importante que sepas quién quieres ser. Cuando lo sepas, cuando te comprometas contigo mismo a comportarte y pensar como aquel que te gustaría ser, entonces la

MENTALIDAD DE GLADIADOR

probabilidad de que lleves a cabo conductas que te hagan sentir orgulloso se multiplicará. Te invito a que construyas tu yo referente. Crea el Marcus ideal, aquel hombre que te gustaría llegar a ser, y mantén siempre estas preguntas en la mente: ¿cómo se comportaría el Marcus referente en esta situación? ¿Quién quiero ser?

Marcos se dio la vuelta para dirigirse al gimnasio. Kaleido ya se había levantado y lo miraba desafiante.

—Parece que tenemos *retiarius* —le dijo Kaleido a Lasio.

—Es increíble eso que ha hecho. No le he explicado nada y le ha salido solo. Creo que ha vuelto. Sus habilidades innatas están ahí. Lo único que necesitamos es que él se lo crea, que confíe en sí mismo y que pierda el miedo. Mañana es un día clave para pasar al nuevo nivel.

CAPÍTULO XII

Vencer al miedo. Pasar al nuevo nivel

El único luchador que empieza la pelea con confianza es el que ha visto su propia sangre, el que ha sentido en sus dientes el puño del contrincante, el que ha sido tirado y golpeado, de cuerpo pero no de espíritu, el que tantas veces como se cae se vuelve a levantar, más desafiante que nunca.

Séneca

Marcos se levantó de la cama como un día más. Seguía sin descansar bien por las noches. Desde la del secuestro, a su preocupación de no poder volver nunca a su casa se añadió la intranquilidad de sentir que en cualquier momento de la noche alguien podía entrar en su habitación y hacerle cualquier barbaridad.

Hizo toda su rutina diaria y se dirigió a la zona en la que comenzaba cada día su entrenamiento. Al llegar allí todo era normal. Se sometió a la paliza de golpes que le propinaban todos los días con total entereza y dominio. Sin embargo, cuando parecía que había llegado el final del ejercicio, observó cómo un esclavo le entregaba un *gladius* a Lasio. No era de los de madera, era real.

—El ejercicio de endurecimiento de hoy pasa a otro nivel, Marcus. Estoy convencido de que estás preparado para ello.

Marcos tragó saliva temiéndose lo peor. Pensaba que le darían otra espada a él y tendría que luchar contra otro gladiador.

—Si vas a hacerme pelear, me veo en la obligación de decirte que creo que necesito más entrenamiento de manejo de la espada.

—Tu única arma hoy será tu mente. Estás aquí para aprender a dominarla, y eso es lo que estamos entrenando. Cuando lo hayas conseguido, empezarás a combatir y recordarás cómo hacerlo.

—¿Entonces, qué vamos a hacer?

—Vas a dejarme que te haga un corte con mi espada.

—¿Cómo?

—Voy a cortarte con mi espada en el muslo. Y no voy a cogerte desprevenido ni nada de eso: lo haré cuando tú me lo digas.

—¿Estás loco?

Marcos tenía mucho miedo. Sabía cómo acababan todas las pruebas de Lasio: él comenzaba negándose, pero al final Lasio siempre se salía con la suya. Estaba convencido de que le iban a cortar en la pierna y eso era lo que más le asustaba: que iba a pasar. Dado que la duda no era si iba a pasar o no, la cuestión era si podría él permitirlo tranquilamente y con dominio de su mente.

—La de hoy es una prueba definitiva. No hay nada más potente para que nos demuestres, a ti y a mí, que dominas tu mente. Vamos a hacer algo totalmente contra natura.

—Vamos a hacer algo totalmente absurdo.

—Nuestra mente tiene el instinto de supervivencia fuertemente instalado y programado. Vive para ello y todo lo que hace es con el fin de conseguir que sobrevivamos.

—Normal. Se llama inteligencia.

—Tu mente primitiva va a intentar por todos los medios que fabriques mil excusas para salir de aquí en este momento.

Para evitar este daño, te hará sentir miedo, malestar emocional, malestar físico; incluso te hará enfadar para que luches y te opongas a lo que va a pasar.

—Lógico y normal.

—La cuestión es que eso lo quiere tu mente primitiva, pero... ¿lo quieres tú? —Lasio continuaba hablando sin escuchar a Marcos.

Marcos ya se encontraba en un estadio de entrenamiento avanzado. Ya había hecho las pruebas del secuestro, el endurecimiento, la respiración, el agua fría... Sabía que Lasio tenía razón. Había sido capaz de ver que él no era sus pensamientos, que él estaba por encima de su mente y podía elegir entre quedarse el relato y las sensaciones que esta le enviaba o bien tomar el mando. Esas mismas palabras de Lasio una semana antes hubieran sonado como un sinsentido, pero ahora no.

—¿Serás capaz de luchar contra tu mente a este nivel? ¿Al nivel de mayor dificultad? ¿Al de ser capaz de convencerla de que permita que tu cuerpo sufra un daño?

—¿Qué tipo de daño?

—No soy tonto, Marcus. Me has costado mucho dinero. No voy a perder un bien tan preciado. Te haré el suficiente daño como para que pierdas el miedo a la espada, pero también para que puedas continuar tu entrenamiento en unos días.

—¡Dios! No me puedo creer que esté tratando de convencerme a mí mismo para hacer esto... ¡Me estáis volviendo loco!

—Si estás pensando en hacerlo o no hacerlo, te estás equivocando. No tienes la opción de no hacerlo. En lo que deberías estar ocupando tu mente es en cómo convencerte para hacerlo cuanto antes y con control. Recuerda el juramento: no se trata de desear que no pase, sino de desear ser capaz de soportarlo cuando pase.

—Llamad al doctor, por favor —imploró Marcos—. Confío en ti.

—No confíes en mí. Confía en ti. Y date prisa. No quiero que te enfríes. Tiene que ser similar a lo que sucedería en un combate. ¿Nunca te ha pasado que practicando alguna actividad intensa te has hecho alguna herida y no te has dado cuenta hasta que has parado?

Marcos recordó su cicatriz. La tenía en el muslo izquierdo. Hacía dos años se había caído al suelo peleando un balón en un partido. Al caer, el rival apoyó la bota en su muslo y la deslizó. Uno de los tacos se le clavó en la piel y le hizo un corte que requirió once grapas que le pusieron junto al banquillo y con las que pudo seguir jugando sin problema. Era verdad: en ese momento no le dolió y recordaba que era más la aprensión racional de ver la carne abierta que el dolor en sí que le provocó la herida. Eso sí, recordaba que al llegar a casa vio las estrellas. Posteriormente, al cabo de unos meses, decidió ocultar la cicatriz con el tatuaje de un símbolo antiguo. «Significa prueba superada. Nuevo nivel», le dijo el tatuador cuando lo eligió. Era una marca ancestral que se ponían los miembros de una tribu africana para indicar que habían llegado a un nuevo estadio de conciencia, sabiduría y crecimiento personal. Era la constatación de que habían evolucionado. A la vez era el recordatorio de la responsabilidad de ser fieles, con sus conductas, a ese nuevo nivel.

Marcos miró hacia abajo buscando el símbolo tatuado con la esperanza de que evocara en él esas sensaciones de «Prueba superada. Nuevo nivel». Sin embargo, el tatuaje no estaba allí.

La cicatriz tampoco. Ni rastro. ¿Cómo era posible? Se quedó en *shock* y Lasio tuvo que sacarlo de su proceso mental.

—¿Qué haces? ¿Estás eligiendo la pierna que quieres que te hiera? Muy bien, así lo haremos, dado que no cesas de mirarte ahí, el corte será en la pierna izquierda.

Marcos seguía en *shock*. Lasio hizo un gesto y un *magistri* acudió.

—Vais a pelear como dos hombres. Cuerpo a cuerpo. Cuando yo diga, la pelea se detendrá, iré a por ti y me permitirás que te corte en la pierna. ¿De acuerdo, Marcus?

Marcos sacudió la cabeza en un gesto típico del que busca salir de un estado mental de bloqueo y parálisis. Observó al otro luchador, un hombre igual de alto que él, pero bastante más corpulento. Pensó que, si tenía alguna opción de ganar la pelea, no sería desde el cuerpo a cuerpo, sino siendo capaz de mantenerlo a cierta distancia.

—Déjame un momento. Dame unos segundos para mentalizarme. Dime, por favor, la razón por la que hay que hacer esto. ¿Qué sentido tiene?

—Hay que hacer esto porque, de lo contrario, cuando combatas, tendrás miedo. Respetarás en exceso la espada y te protegerás. Te harás pequeño y combatirás desde la protección, no desde la libertad que posee el que no tiene miedo a nada. Quiero que lo pruebes. Quiero que te des cuenta de que esto se supera. Y quiero que entres a combatir dispuesto a llevarte uno, dos e incluso tres cortes como este, que no entres a combatir sintiendo que tienes que evitar los cortes, sino todo lo contrario, que entres a la batalla sintiendo que, quieras o no, te vas a llevar dos o tres cortes y no pasa nada. Un pequeño dolor momentáneo y punto. Nada que no pueda superarse. Necesito que sientas que eres capaz de ganar aunque te hieran.

—Entiendo.

—Y, además de eso, quiero que des el paso definitivo en el dominio de tu mente. Dime tú cuándo estás preparado. El combate no se iniciará hasta que tú digas. Eso sí, una vez que me digas «Adelante», ya sabes cuál será el final. Te aviso que, si intentas huir de la espada, el daño será mayor. Mucho mayor.

Marcos cerró los ojos un instante y tomó conciencia de su estado emocional. Se dio cuenta de que una gran energía recorría su cuerpo. Podía sentirla en el ritmo cardíaco, en la tensión muscular y en lo agitado de su respiración. Se dio cuenta de que su mente le estaba dando toda esa energía para ayudarle, de que, si la interpretaba como miedo, le bloqueaba, pero, si la interpretaba como una gran fuente de poder, podría utilizarla a su favor.

—¡Empecemos ya! —dijo Marcus gritando.

—¡No! Así no me vale. Has tirado hacia delante para no pensar. Quiero que lo medites bien. Quiero que hables con tu mente. Quiero que te mentalices de lo que va a pasar y ganes.

—Estoy más que preparado, créeme.

Marcos se sentía con una determinación tremenda. No iba a morir por ese corte. Iba a tener dolor, un dolor momentáneo que, superado, le iba a ayudar a avanzar al siguiente nivel.

—¡Adelante! —repitió.

—Adelante —dijo Lasio.

Marcos se fue directo a por el gladiador con muchísima energía, derecho a por su cuerpo buscando embestirlo. El gladiador lo esquivó dejando su pie atrás y propinándole una zancadilla que le hizo caer al suelo y que brotaran las primeras gotas de sangre por una rodilla. Antes de que pudiera levantarse del todo, el gladiador le pegó una tremenda patada en un costado que lo tumbó de nuevo en el suelo. En ese momento el gladiador podría haberse puesto encima y haber terminado la faena, pero no era ese el objetivo. Dejó que se levantara. Marcos adoptó una pose de boxeador tomando una cierta distancia y esperando el ataque rival. El gladiador recurrió a las piernas como arma y de una hábil patada con la tibia derecha castigó el muslo izquierdo de Marcos. En cuanto la pierna volvió a su sitio, la cargó de nuevo y propinó una nueva patada en, exactamente, el mismo sitio. Marcos se dio cuenta de lo que estaban haciéndole y esperó una tercera patada. En ese momento fue él quien atacó. Dio un ligero paso lateral, con la pierna izquierda lanzó una patada a la de apoyo del gladiador y lo barrió tirándolo al suelo. Con su instinto de supervivencia al cien por cien, Marcos sí se tiró al suelo sobre el gladiador. Se sentó sobre sus abdominales y le dio dos puñetazos en la cara. El gladiador hizo un gran movimiento que tenía entrenado para deshacerse de sus oponentes y se lo quitó de en medio. En ese momento Lasio habló:

—Se acabó. En pie, Marcus.

Marcos se levantó raudo sabiendo lo que venía. Adoptó de nuevo una pose de batalla. Se puso en posición de combate de boxeador con la pierna izquierda delante y vio cómo Lasio se aproximó muy rápido hacia él con la espada en la mano. Quería vencer a su mente. Quería ganar esta batalla para seguir avanzando hacia lo que consideraba su única opción de volver a casa. Se había convencido de que para ello tenía que dominar su mente y por eso hizo todo el esfuerzo posible para verlo todo sin inmutarse, para no apartar la vista ni la pierna. Para dejarse llevar.

Aunque todo fue muy rápido, Marcos lo vio como en realidad aumentada. Vio cómo la espada tomaba contacto con la pierna, cómo cortaba y luego cómo la herida se iba abriendo a medida que la espada avanzaba hasta llegar al final. La herida se abrió abruptamente. Se separó la carne como dos labios que se abren. Y allí apareció la sangre.

—¡Aaaaaaaaah! —gritó Marcos. Pero se dio cuenta de que no gritaba tanto de dolor como de aprensión. Y entonces tomó el control. Buscó él el dolor. Y se dio cuenta de que sí, dolía, pero que él había gritado antes incluso de sentirlo. Ahora sí. Dolía. Cada vez más. Marcos apoyó la rodilla de la otra pierna y quedó en pose de oración con las dos rodillas en el suelo.

—¡Que venga el doctor! —gritó.

—¿El doctor? Esto no se ha acabado. Aprende a gestionar el hecho de que, cuando crees que ha acabado…, no ha hecho más que empezar. ¿Crees que en un combate aparecerá el doctor corriendo a ayudarte o que tendrás que buscarte la vida para defenderte?

Lasio hizo un gesto al gladiador contra el que Marcos había peleado. Este, raudo, se puso en marcha y se dirigió, de nuevo, a por él. Además, lo hizo con muchas ganas tras haber recibido los dos puñetazos previos.

Marcos siguió percibiendo la fuerza que había dentro de él y, como pudo, se levantó y se puso en guardia.

Lasio miraba con cara de orgullo: Marcos había pasado a otro nivel. Daba igual el resultado de esa pelea. Marcos afrontaba, Marcos no huía, Marcos controlaba sus emociones para hacerse cargo de la situación e iba gestionando los problemas conforme iban llegando.

El gladiador fue directo al cuerpo a cuerpo y consiguió tirar a Marcos al suelo. Una vez allí, le golpeó con una patada en la herida y con otra en un costado. Marcos soltó un grito lleno de rabia y dolor.

—Detente. Deja que se levante —ordenó Lasio.

En cuanto se levantó, Marcos trató de darle un puñetazo en la cara, pero el gladiador lo esquivó y contraatacó con un gancho que le pegó en pleno lateral de la cara. Marcos cayó al suelo. Lasio paró el combate y permitió que dos esclavos se llevaran a Marcos a ver al doctor.

Cuando pasaron por su lado, Lasio acercó la cara a la de Marcos, le tocó el hombro y le dijo:

MENTALIDAD DE GLADIADOR

—Bravo, Marcus. Bravo. Estás listo. Has pasado al nuevo nivel. Enhorabuena.

Por las mejillas de Marcos caían lágrimas de orgullo.

CAPÍTULO XIII

Conviértete en alguien que ya lo ha logrado

Primero pregúntate quién quieres ser. Después haz lo que tengas que hacer.
Epicteto

Es útil definir un guardián, alguien a quien admirar, para que participe en tus pensamientos.
Séneca

La magnitud del corte realizado por Lasio estaba muy bien calculada. Tenía unos cinco centímetros de largo, muy escandaloso a la vista, eso sí, pero no alcanzó a ningún músculo, tendón o tejido importante. Marcos no moriría por la herida de no ser que esta se complicara por una infección.

Inmediatamente lo llevaron a ver al médico y este limpió cuidadosamente la herida. Posteriormente aplicó vinagre para matar cualquier bacteria y prevenir la infección. Por último, la cosió, aplicó un ungüento y la cubrió con un vendaje para protegerla de contaminantes externos. Tras la curación, dos esclavos ayudaron a Marcos a llegar a su celda. Allí se quedó durante todo el día. No salió ni a comer ni a cenar.

Al día siguiente Lasio acudió temprano a la habitación:

—Marcus. Levántate y ve a desayunar con todo el mundo.

—No voy a ir. Todavía no estoy recuperado. Además, no tengo hambre.

—Te aconsejo que vayas espabilándote y poniéndote a prueba. Estás capacitado para comenzar a retomar tus actividades, te lo aseguro.

—Dame hasta la hora de la comida para procesar todo esto, por favor.

—De acuerdo. Que así sea. Te espero a la hora de comer. Estaré en mi mesa. Acude y ven a comer conmigo. Actualiza tus máximas y principios y me los cuentas mientras comemos.

Marcos tenía una gran pelea en la mente. Por un lado, había una parte de sí mismo que le pedía dejarse ir, abandonar. Por otro lado, había otra parte que realmente estaba aprendiendo, estaba creciendo. Marcos se dio cuenta de que algo que podría ser brutal y aterrador para él, en realidad no era para tanto. Sí, estaba en la cama y muy preocupado por si la herida se infectaba. Pero eso eran preocupaciones por el posible futuro, el presente lo que le decía era que había recibido un corte con una espada y lo había superado. Empezaba a crecer en él una sensación de que, si conseguía salir de allí y volver a su tiempo, sería capaz de todo. Sería imparable. Imperturbable. Empezaba a sentirse muy fuerte. Cuando lograba mantener la mente en el único momento que existe, el presente, podría llegar a decir que estaba orgulloso de sí mismo. El problema venía cuando permitía a su mente divagar e irse hacia el futuro incierto que le esperaba o bien hacia el pasado, que ahora percibía tan perfecto, y que anhelaba.

Hizo bien Lasio en recordarle a Marcos que tenía que trabajar sobre sus máximas y principios. Marcos comenzó muy motivado con ellas, pero desde la prueba del secuestro no había añadido nuevos aprendizajes acerca de todo lo vivido.

Dedicó la mañana a ello. Llegada la hora, acudió, con una muy notable cojera, al comedor. Allí estaba Lasio:

—Sírvete una buena copa de vino y hablemos. Te vendrá muy bien para sobrellevar el dolor y también para aflojarte un poco más la lengua.

—Así lo haré. No me vendrá nada mal.

Marcos se sirvió una copa muy generosa. Le sorprendió observar que el vino era mucho más espeso de lo habitual. Al probarlo, tenía un sabor mucho más dulce que el de su época. No podría decir que era un buen vino, pero en ese momento para él era un capricho que le cambiaba el día.

—Vamos al grano. Tenías ya ocho máximas desarrolladas, ¿verdad?

—Así es.

—¿Estás siendo fiel a esas máximas y principios de vida? ¿Te estás comportando acorde a ellas?

—No siempre lo consigo. Pero el mero hecho de que estén ahí y me las repase cada día por la mañana y la noche me acerca, al menos, a darme cuenta de cuándo no me estoy comportando como me gustaría.

—Perfecto, Marcus. No hace falta que te recuerde lo importante que es no dejar al azar nuestras conductas. ¿Y qué es el azar? Me preguntarás. Pues es la emoción. La emoción es la que te marcará cómo actuarás. Por eso, ante la misma situación, la misma persona, en función del día, reacciona de una manera u otra. Porque depende de su estado emocional.

—Entiendo. Y entonces luego vienen los arrepentimientos.

—Eso es. Los arrepentimientos llegan porque en ese momento la persona no es capaz de darse cuenta de cómo se está comportando y, al cabo de unas horas, es cuando no se siente orgullosa de sus reacciones.

—Y es en ese momento cuando piensa cuál hubiera sido la forma correcta de reaccionar.

—Así es.

—Pero no podemos anticipar miles de situaciones para ensayarlas y definirnos cómo queremos reaccionar cuando lleguen, si es que llegan alguna vez.

—Correcto. Por eso lo que pretendemos no es generar situaciones, sino tener unos principios guía, unas máximas que definen cómo afrontamos la vida. Y esas son las que mandan sobre todas las cosas y nos dan la dirección en cualquier situación de la vida.

—Entiendo.

—Por eso son tan importantes las máximas y los principios. Dime, ¿cuáles has añadido a las ocho que ya tenías?

—**Máxima n.º 9:** Cualquier cosa que hagas como un trámite para llegar a un fin te llevará al no disfrute y carecerá de sentido si eso que buscas no llega. Cada tarea tiene un fin en sí misma. Vívela. Saboréala. Céntrate en el cómo. Disfrútala.

—¿Qué te ha hecho llegar a esa máxima?

—El entrenamiento en el agua fría, cuando me tiré directamente al frío para acabar cuanto antes y poder ir a descansar. Me centré en el qué y me olvidé del cómo.

—Gran conclusión. ¿Alguna más?

—**Máxima n.º 10:** Van a llegar golpes y adversidades. No me dedico a desear que no lleguen, mi deseo es estar preparado física y mentalmente para soportarlos y poder hacerles frente cuando lleguen.

—¿La práctica con el escudo te enseñó esa máxima?

—Bueno..., la práctica con el escudo, las palizas que me dais cada mañana en el endurecimiento, el corte que me has hecho en la pierna... Sí, diría que esa máxima la tengo ya bastante interiorizada.

—Todo necesario, Marcus. Todo necesario.

—**Máxima n.º 11:** No hay excusas. Soy capaz de conseguir mi objetivo aunque no todo vaya perfecto. No necesito que sea perfecto para ganar. Puedo cometer errores o no estar al cien por cien y, aun así, conseguir lo que me proponga.

—Has de tener esta muy presente durante los combates. Por muy superior que puedas llegar a ser, ir a un combate y pensar que no vas a recibir ningún golpe o que no surgirá cualquier eventualidad e incluso que tu rival puede superarte por momentos... es de necios y perdedores. Afronta los combates preparado para lo peor, pero con la confianza de poder superar cualquier vivencia.

—Esta es la que más me va a costar interiorizar, pero me encanta y sé que me va a ayudar mucho.

—Muy bien. Me gustaría que me recordases la primera de tus máximas.

—**Máxima n.º 1:** Cuando lo que tienes alrededor no lo puedes cambiar por mucho que te empeñes, solo te queda una cosa: actuar sobre ti mismo, decidir quién quieres ser en esa situación y cómo la puedes emplear de una forma positiva para ti.

—Me encanta. Creo que es la clave de todo. Creo que es la que debe estar siempre fresca en tu mente en cualquier situación. ¿Quién quiero ser en esta situación? ¿Cómo se comportaría aquí mi yo ideal? ¿La persona que quiero llegar a ser qué tipo de conducta llevaría a cabo en esta situación?

—Sí, Lasio, frecuentemente trato de plantearme esa pregunta y me ayuda muchísimo a reconocer los pensamientos de la mente primitiva, a tomar conciencia de cómo esa mente pretende que actúe. Pero esa mente es emocional y básica. Lo que me propone no tiene que ser lo que yo haga. Yo no soy esa mente. Yo soy el que escucha y decide. No me dejo capturar por mis impulsos.

—Eso es. No se trata de pasar por la vida, que vayan sucediendo cosas e ir reaccionando al albur de la emoción. Se trata de tomar el mando y decidir quién quiero ser yo y qué cosas quiero que pasen. Y después: ¿qué tipo de conductas ayudan a que esas cosas pasen?

—Recuerdo que tenía un compañero en mi equipo que siempre me decía: «No entres al campo deseando jugar bien o ansiando la victoria. Entra como si eso ya lo hubieras conseguido y así aumentarás la probabilidad de que suceda».

—Muy bien. Sigue por ese camino. Sigue definiendo tu yo ideal. Sigue haciéndote preguntas. Dijiste que tu misión aquí era convertirte en una persona más fuerte mentalmente. Pues bien, pregúntate a ti mismo: ¿cómo piensa, cómo siente, cómo actúa la persona que ya ha conseguido aquello que tú quieres lograr?

—Preguntas muy inteligentes. Trataré de darles respuesta durante estos días en los que supongo que me permitiréis descansar y recuperarme.

—Vas a tener algo de tiempo. Pero es un tiempo de trabajo, no de yacer en la cama horas y horas. Es un tiempo de entrenamiento y quiero que lo utilices para pensar sobre todas estas cosas. Y una vez tengas definido a tu yo ideal, espero que actúes en cada momento como si ese ideal estuviera observándote, analizándote, juzgándote: ¿estaría orgulloso de tu conducta en esa situación tu yo ideal?

—Otra pregunta potente para mantener siempre en mente. Gracias. Las conversaciones contigo son muy interesantes. Creo que deberías pensar en que para entrenarse no hace falta aterrar a las personas. Con la palabra estamos consiguiendo mejoras increíbles.

—La palabra es el complemento a la vivencia. No hubieras internalizado todo lo que hablamos tan rápido y profundo si no hubieras tenido todas esas experiencias.

—Puede que tengas razón...

—Voy a dejarte unos días tranquilo. Repito: entrena tu mente, define quién quieres ser. Y aprovecha para observar todos los entrenamientos de lucha que puedas. Observa cada movimiento de cada gladiador. Sus ataques, sus defensas. Y después recrea combates en tu mente. Te vendrá muy bien para lo que se avecina en unos días.

Marcos comenzó a disfrutar de las artes de los gladiadores. Acudía cada día motivado a ver las luchas. Se identificó mucho con el *retiarius*, se fijó mucho en ellos y, a la vez, en los movimientos con los que el rival trataba de hacerles daño. Imaginaba sus propias maniobras para escapar de ataques y para poder sorprender al rival. Como sabía que próximamente tendría un combate contra alguno de los gladiadores allí presentes, se dedicó a buscar sus puntos débiles. Llegó a la conclusión de que muchas veces el punto débil acompañaba a la fortaleza. El movimiento del rival más beneficioso para uno era aquel que, bien contrarrestado, podía ser aprovechado para hacerle mucho daño.

CAPÍTULO XIV

El camino se revela conforme avanzas

En todo momento mantén la mente centrada en la tarea presente, ignorando el resto de las consideraciones. Puedes lograr esto si afrontas cada tarea como si fuera la última, sin distracción, sin subversión emocional de la razón, sin drama, sin vanidad y sin queja por tu situación.

Marco Aurelio

Marcos había conseguido ser capaz de dormir en la incomodidad. Durante una semana tuvo que hacerlo boca arriba para evitar el dolor de la herida. Pero aprendió a aceptar que eso era lo que había. Por otro lado, para vencer su inseguridad acerca de si alguien irrumpiría en su habitación, se convenció de que nadie lo haría y de que, si alguien lo hacía, él estaba preparado para afrontar cualquier reto. Esa forma de pensar conseguía calmar a su mente primitiva. Asimismo, había decidido hacía ya tiempo no dudar de que iba a volver a casa, de que lo iba a conseguir. La cuestión había cambiado, ya no era si sería capaz de volver o no, sino cuánto tiempo tardaría en hacerlo.

En la séptima noche desde que Lasio le hirió en la pierna, oyó a alguien que se encontraba fuera de la celda con la intención de entrar. Rápidamente se puso en pie y se escondió tras la puerta para evitar que le sorprendieran.

—Ponedle el saco en la cabeza —oyó que Lasio decía antes de tratar de abrir la puerta.

—¿Puedo ayudaros en algo? —preguntó Marcos dejando a Lasio sorprendido pero sonriente.

—Muy bien, Marcus. Muy bien. Veo que vas consiguiendo avances. Ven conmigo, por favor, no será necesario forzarte.

—¿Dónde vamos?

—Fuera del *ludus*. Quiero que entiendas algo.

Marcos se puso en marcha, pero, conociendo a Lasio, sabía que lo que venía no sería un confortable paseo por la ciudad, sino algún tipo de prueba para su mente. Salieron del *ludus*, se montaron en un carro tirado por dos caballos y avanzaron saliendo de la ciudad amurallada.

—¿Qué vamos a hacer? Te advierto que todavía no estoy recuperado al cien por cien de la herida de la pierna.

—Puede que no estés totalmente recuperado, pero has de aprender a hacer lo que toca, y a hacerlo bien, incluso aunque no estés en plenas facultades. Esa es la mentalidad del ganador. No te pongas límites a ti mismo aunque sea por algo cierto y real como es la herida.

—Es que es algo real. Tengo una herida en la que, en mi época, me hubieran obligado a hacer reposo absoluto durante al menos una semana.

—La herida es algo real y entiendo que puede impedirte estar a tu mejor nivel. Pero lo que no impide es que hoy lo hagas lo mejor posible dadas las circunstancias en las que estás. Y eso no tiene que impedir que tengas la firme creencia de que, así y todo, puedes conseguir lo que deseas, de que no necesitas estar en tu mejor versión para conseguir tu objetivo del día.

—Lo intentaré.

—«Lo intentaré» no es buena respuesta. De hecho, más te vale conseguir tu objetivo hoy porque, en breves instantes, te darás cuenta de que no hay otra opción. No va a ser posible el «Lo intentaré», va a ser «Lo conseguiré o se acabó».

—Otra vez. Otra animalada me vais a hacer... ¿No habéis tenido suficiente? ¿Es que este maltrato no conoce límites?

—Cuando crees que ha acabado, no ha hecho más que empezar. Acostúmbrate. Y, cuando crees que no puedes más, solo te estás autolimitando para no tener ni que intentarlo.

Llegaron a una zona arbolada y frondosa. El carro se detuvo y bajaron de él. Marcos siguió a Lasio mientras este se dirigía hacia el lugar donde había dos personas más y algo que, de lejos y en la oscuridad, parecía una jaula.

—No, no, no, no. Estáis locos.

—Tranquilo, estás anticipando. ¿Qué te estás diciendo? ¿Qué crees que va a pasar aquí? Toma el control de tu mente. Gana la batalla interna o seguro que pierdes la que se va a librar en el exterior.

—No pretenderéis que luche contra un león, ¿verdad? Soy un gladiador, no participo en *venatio*[10].

—No le pondrás una mano encima a este precioso animal. He invertido una fortuna en él.

El león presentaba un cuerpo imponente y unas patas robustas. Estaba muy bien alimentado y debía de pesar cerca de doscientos kilos según los cálculos de Marcos. Su pelaje era de color dorado con la parte inferior del cuerpo más clara. Los ojos eran grandes, redondos y también dorados. La mandíbula se veía muy poderosa. Marcos no dejaba de preguntarse qué pretendían hacer con él y ese león.

—Toma, Marcus —dijo Lasio alargándole una lámpara de aceite—. Esto resultará vital para que puedas sobrevivir.

---

10 'Espectáculo de cazadores y animales salvajes que tenía lugar en los circos romanos'.

—¿Sobrevivir? Pero... ¿qué quieres que haga?

—Mira hacia el suelo, justo donde estás ahora. ¿Ves ese sendero? —En el suelo había una zona erosionada y sin vegetación de unos ochenta centímetros de ancho.

—Sí —respondió Marcos.

—Pues tu salvación está más adelante.

—¿Mi salvación? ¿Más adelante? Yo no veo nada.

Marcos únicamente podía ver lo que había solamente un paso más adelante de donde él estaba. Era una noche cerrada y la lámpara de aceite no tenía mayor alcance.

—No hay nada que ver. En lo único que debes fijarte y poner todo tu empeño es en el siguiente paso. ¿Y luego? En el siguiente. ¿Y después? En el siguiente. Y conforme avances, el camino se revelará. Y, si tienes confianza, fe y la determinación suficiente para avanzar a la máxima velocidad que puedas, te salvarás.

Marcos se quedó paralizado. No sabía si tenía que echar a correr o debía esperar más instrucciones.

—No puedes pretender ver todo el camino. El camino se revela al andar. Hay que dar el primer paso. Y este te permitirá ver un conjunto de opciones. Al elegir una de ellas y tomarla, se te mostrará la siguiente opción... Y así hasta el infinito. Y esto vale también para la lucha. He visto que estás peleando demasiado desde la cabeza. Tienes una secuencia de movimientos decidida y la ejecutas sin pensar y sin darte cuenta de lo que está pasando en la realidad. Eso es un grave error que te puede costar muy caro. Tienes que dejarte llevar, el combate te va a ir marcando tu siguiente movimiento, el combate y tu oponente te dan la solución si comienzas a avanzar. Pero tienes que estar preparado para detectar las señales rápidamente y adaptar tus conductas a ellas.

—Entendido. Entendido a la perfección. No hace falta ninguna prueba, lo has explicado de maravilla.

—Hablando no se trabaja la mente. Se trabaja viviendo, haciendo, experimentando. Está todo medido, te vamos a dar una ventaja considerable marcada por este reloj de arena. —Lasio señaló hacia una de las personas junto a la jaula del león—. En cuanto el tiempo se cumpla, abriremos la jaula y el león irá a por ti. Gestiona las circunstancias conforme vayan llegando y encuentra la forma de salvarte. Suerte, amigo. —Y Lasio hizo un gesto para que pusieran en marcha el reloj.

Marcos entró en pánico y comenzó a correr. No podía mantener la vista al frente porque no veía nada, así que iba mirándose los pies, se centraba en dar un paso y después el siguiente. Al principio le costó darse cuenta de que lo que mandaba era el farol, no su ímpetu. Comenzó corriendo y dirigiendo la lámpara hacia donde él llegaba, pero poco a poco entendió que era al revés: que eran sus pies los que debían seguir a la lámpara y al sendero, era él el que debía adaptar su ritmo, su ímpetu y su dirección a lo que sucedía. A lo lejos oyó un «¡Ya!».

En ese momento su corazón se aceleró. Volvió a mover los pies sin saber exactamente dónde pisaba. Como resultado de esa aceleración, cayó al suelo al tropezar con una piedra. Se levantó raudo y, a la vez, tomó conciencia de que esa caída podría haber sido su sentencia de muerte. Si se hubiera torcido un tobillo, no habría podido continuar a la velocidad estimada y no habría podido llegar al destino. Pero... ¿cuál era el destino? ¿Cómo iba a librarse del león?

Marcos seguía avanzando. No había ningún indicio de que llegaría a algún lugar en el que poder refugiarse y ponerse a salvo. Era una cuestión de fe. Sentía cómo el león se acercaba más y más. Marcos no se giró en ningún momento, pero sabía que pronto el león llegaría a alcanzarle. Comenzaba incluso a escuchar el ágil y potente galopar. Instantes más tarde ese galopar se oía mucho más cerca, incluso Marcos diría que percibía un jadeo o una respiración. El león debía de estar justo a su espalda. Y de repente... el sendero describía un giro abrupto de noventa grados hacia la izquierda para esquivar una montaña rocosa. Y justo al llegar frente a la montaña la vio: una pequeña grieta en vertical que atravesaba la gran roca. Suficiente para meterse dentro de perfil y que el león no pudiera hacerlo. ¿Sería esa la señal? ¿Buscaban que se introdujera ahí? ¿Y si se equivocaba? Sin más tiempo para pensar, se metió dentro... justo a tiempo para evitar que le alcanzase el león, el cual metió una zarpa intentando agarrarlo, pero no lo consiguió. En el momento preciso. Lo habían medido a la perfección... Estaba completamente aprisionado en la grieta y no podía moverse más hacia el fondo, había quedado a la distancia justa para que el león no pudiera darle un zarpazo, lo había conseguido. Al cabo de unos instantes aparecieron las dos personas que anteriormente estaban junto a la jaula del león. Le ofrecieron alimento y lo engrilletaron de nuevo. Un poco después apareció Lasio.

—Puedes salir de tu guarida, Marcus. Enhorabuena. Una prueba más que has superado.

—¡Estáis locos! —gritó Marcos todavía con el corazón a doscientas pulsaciones—. No tiene ningún sentido esto que hacéis.

Marcos salió a duras penas y con esfuerzo de la grieta.

—¿Qué has aprendido?

—Se puede enseñar con la palabra. No hace falta matar a nadie para darle una lección.

—¿Qué has aprendido?

—Que no podemos pretender ver todo el camino para avanzar. Las opciones van apareciendo conforme vamos avanzando. Hay que confiar en nuestra capacidad, en que lo conseguiremos, en que las soluciones se revelan al andar... y avanzar.

—Eso es: aprender a gestionar las cosas conforme van llegando —apostilló Lasio.

—Sí, es fácil de decir, pero es cierto que en muchas ocasiones, aunque tengamos clara la decisión sobre cualquier cuestión, no damos el paso porque queremos tener garantizada y conocida la siguiente decisión a esa y sus consecuencias. Y eso es, casi siempre, imposible porque el camino se hace al andar. Las opciones aparecen al andar y no puedes conocerlas antes.

—Perfecto. ¿Y si nos llevamos esto al combate?

—Pues que hay que fluir, que hay que entrenar con dedicación un montón de secuencias de golpes, claro que sí. Pero que una vez te has esforzado al máximo en el entrenamiento, luego el día del combate tienes que confiar en tu capacidad y dejarte llevar. No tienes que ser tú el que fuerce toda una secuencia de golpes. Tienes que iniciar el paso, sabes cómo dar el primer golpe, pero luego son la realidad y el oponente los que te van a marcar el siguiente. Y, si no estás atento a lo que pasa, no estarás viviendo el combate. Y, si no vives el combate, no tomarás la decisión que este demanda, sino la que tú has pensado antes y que puede que no sea la adecuada para esa situación.

—Correcto. Concéntrate en cada golpe. Déjate llevar por el sendero, por el combate. Confía en que, si estás preparado, el camino te llevará a tu destino. Pero no sabes de qué forma ni en qué momento. Solo ocúpate de recorrerlo manteniendo tu mente absolutamente centrada en lo que está pasando en este instante, aquí, ahora. ¿Alguna otra enseñanza?

—Sí, que no debo escudarme en nada, por muy real que sea, para limitarme a mí mismo a la hora de conseguir cualquier logro. Hay que aceptar esa realidad y lanzarse el mensaje «Con esto y todo, lo voy a conseguir. No necesito que todo sea perfecto para ganar».

—Muy buena. Esta no la vi llegar.

—Sí. Esta semana me ha pasado justo eso. No conseguía dormir bien desde que estoy aquí, pero finalmente he aceptado mis circunstancias y me he dicho que no necesito que todo esté perfecto para poder dormir, que tengo que aceptar esa cama, esas preocupaciones, esa herida y, con eso y todo, ser capaz de dormir. Ahí está la fortaleza: en ser capaz de relajarse en la dificultad. Estar tranquilo cuando todo va bien es muy fácil, no hay que hacer nada, sale solo.

—Perfecto. Volvemos al *ludus*. Relájate, descansa y repasa tus máximas. Los próximos días nos centraremos por completo en el entrenamiento de lucha con armas. Y la semana culminará con un combate contra Dentato, nuestro mejor *secutor*.

—¡Pero la herida de la pierna no está curada!

—No hay excusas, ¿recuerdas? Vas a afrontar así el combate. Y lo vas a ganar.

CAPÍTULO XV

No necesitas que tus primeros intentos tengan éxito

No esperes que los eventos sucedan como deseas,
sino desea que ocurra como son, y tu vida transcurrirá
sin problemas.
Epicteto

Durante una semana entrenaron mañana y tarde el manejo del tridente y la red. Marcos se asombraba a sí mismo de ver la precisión con la que era capaz de lanzar la red y la determinación con la que movía el tridente. ¿Cómo era posible? Sentía que formaban parte de él, que eran como una extensión de su propio cuerpo. Por primera vez en todo ese tiempo recibió lo más parecido a un elogio por parte de Kaleido, quien supervisaba todos los movimientos.

—Lo haces muy bien y fluyes a la perfección con tus armas, pero coreografiar movimientos es muy sencillo. Te defiendes de movimientos inventados o atacas a un rival imaginario que se mueve como tú crees que lo hará. Eso no vale para nada. El ser humano es impredecible. El momento de la verdad llegará mañana en tu enfrentamiento con Dentato. Ahí veremos de lo que eres capaz.

Marcos tomó esas palabras como un reto, no parecía asustarse del combate del día siguiente por mucho que su rival fuera considerado el mejor *secutor* del *ludus*.

El día del combate Lasio fue a buscar a Marcos a la habitación:

—Vamos, Marcus. Ha llegado el día. Quiero que seas consciente de una cosa.

—Dime.

—No debes tomar este combate como un entrenamiento. Es un combate en sí. Es el inicio del que vas a librar en el anfiteatro la próxima semana.

—¿Cómo dices?

En ese momento Marcos se enteró de que la semana siguiente tendría un combate real en el anfiteatro. Eso le desconcertó y le hizo dudar de todo.

—La próxima semana se celebran los *munera* aquí en Tarraco. Y tú estás inscrito para participar. Todo el mundo espera verte recuperado y luchando por tu libertad.

—¿De verdad crees que estoy preparado para una lucha a muerte?

—¿Es así como percibes el combate?

—Claro que sí. ¿Qué quieres que piense?

—No lo sé. Solo quiero que te preguntes si esa forma de pensar te ayuda. Pero déjame decirte antes que las luchas son un gran reto para la mente y el cuerpo. Te van a dejar heridas. Va a ser duro y difícil, pero... ¿morir? Solo uno de cada diez luchadores muere en la arena. Te recuerdo que perdiste tu último combate y sigues aquí entre nosotros.

—¿Cómo es posible que solo unos pocos mueran?

—Primero, porque costáis mucho dinero. Segundo, porque el público os ama y quiere veros de nuevo en acción. Ellos son los soberanos. Ellos deciden quién vive o muere.

—¿El público decide?

MENTALIDAD DE GLADIADOR

—Sí. Te explicaré eso en otro momento. Ahora déjame volver a mi discurso inicial. Este combate marca el inicio del de la próxima semana. Aquí ha empezado ya. En función de tu comportamiento hoy comenzarás a ganar o perder ese combate. Y es así como se lo va a tomar Dentato, por lo que va a ir a por ti. Esto ha dejado de ser un juego.

Marcos respiró. Demasiada información en pocos minutos. La siguiente semana combatiría contra un rival temible en un anfiteatro repleto de personas. En breves minutos comenzaba un combate de prueba contra el mejor *secutor* del *ludus*, y lo normal sería que lo destrozase... No lograba despejar su mente.

—Toma tus armas y dirígete a la zona de entrenamiento.

Lasio le dio a Marcos las armas de madera con las que se había estado entrenando. En la zona de combate esperaban Kaleido, Amón y Dentato. Marcos fue a darle la mano a Dentato, pero este la rechazó.

Dentato era ligeramente más alto que Marcos y bastante más corpulento. Ambos cumplían con el estereotipo de sus respectivas artes gladiatoras. Marcos, un *retiarius*: rápido y ágil para moverse veloz, esquivar golpes y atacar con su red y su tridente manteniendo la distancia. Dentato, un *secutor*: fuerte, pesado y con su escudo y su espada corta que le obligaba a buscar el combate cuerpo a cuerpo.

Marcos realizó su característico gesto de giro con el tridente y se colocó en disposición de combate. Tomó la firme decisión de atacar él primero y así lo hizo. Comenzó a hacer barridos con la red en el suelo intentando trabar las piernas del *secutor* para que cayera al suelo. Dentato los esquivaba con saltos. Al tercer salto, una vez sus pies tocaron el suelo, se impulsó en diagonal lanzando todo su peso sobre Marcos y golpeándolo con el escudo. Marcos cayó al suelo. Dentato fue a por él e intentó darle estocadas con la espada, pero Marcos rodó por el suelo hacia ambos lados, a la vez que molestaba a Dentato haciendo gestos con la red, y se libró del ataque.

Una vez los dos gladiadores estuvieron en pie, Dentato decidió atacar. Fue directo hacia Marcos, quien intentaba mantenerlo a distancia con el tridente, pero apenas lo consiguió. Dentato logró golpearlo dos veces con su espada de madera, una vez en la parte superior de la pierna y otra en un costado. Marcos corrió hacia atrás para alejarse de su enemigo.

—Si esto fuera el combate real, estarías malherido en este momento. Déjate de medias tintas y ataca a tu rival. Solo te has dedicado a hacer ataques de red. Está muy bien como recurso, pero tu principal arma es el tridente. Deja que salga —dijo Lasio.

—Muy bien, Dentato, estás cerca del final. Acábalo. Sin piedad —ordenó Kaleido a su discípulo.

Dentato fue de nuevo a por Marcos, quien lo esquivaba como podía, pero siempre dando pasos atrás y sin afrontar o devolver las embestidas.

—Al menos no retrocede dándole la espalda a su rival —le dijo Kaleido a Lasio—. Cuando lo fulminen en el anfiteatro, caerá de frente y no manchará la reputación de esta escuela. No hay nada peor que una herida en la espalda: es un símbolo de cobardía.

—¿Qué estás pensando, Marcus? Estás combatiendo desde la cabeza. ¡Sal de ahí! No es tu parte racional la que va a ganar este combate. Tú solo céntrate en el estímulo relevante y luego apártate. Tu único trabajo es darle toda la información de lo que está pasando a tu cabeza y luego quitarte de en medio y dejar que actúe. Solo deja que pase. Apártate de su camino. Deja que salga la bestia.

Marcos aprovechó un momento de tregua, respiró y exhibió un lenguaje no verbal intimidante: abrió sus brazos, subió el mentón, se hizo grande y esperó un nuevo ataque. Al respirar se centró en sus músculos. Como lo había entrenado sin parar, fue capaz de liberar la tensión, de sentirse suelto, ágil, fuerte. Dentato lo atacó de nuevo. Pero la magia ocurrió. Marcos comenzó a esquivar y parar con facilidad cada uno de los golpes. Era como si supiera lo que iba a pasar instantes antes de que sucediese. De repente, absorto en ese pensamiento y perplejo mientras buscaba explicación a lo que estaba pasando, dejó de fluir y un puñetazo de Dentato impactó cruzado en toda su cara.

Marcos comenzó a sangrar por el labio inferior, pero sonrió al ser consciente de lo que era capaz cuando fluía, cuando dejaba salir a la bestia, cuando dejaba que las cosas pasaran sin buscar entender nada ni tomar ningún tipo de control. Decidió atacar él. Y fue extremadamente fácil. Confusamente fácil. Amagó para un lado, fue para el otro, enredó la red en los pies de Dentato y lo hizo caer. Saltó sobre él apuntando a su pecho con el tridente, pero Dentato se protegió del golpe con el escudo. El choque de maderas sonó potente. Marcos se levantó e hizo como que le daba la espalda para permitir que se levantara. En cuanto el *secutor* apartó ligeramente el escudo para iniciar la maniobra de ponerse en pie..., Marcos giró, saltó bruscamente y se situó en el lateral que el escudo había liberado. Golpeó con el tridente todo el flanco lateral a la altura del pecho.

—Ha ganado —dijo Lasio—. Un golpe de esas características hubiera dejado muy mal herido a Dentato.

—Increíble movimiento —dijo Kaleido—. Digno del mejor Marcus Liberto.

—¡Vamos! —exclamó Marcos mientras daba un potente salto y elevaba el puño al cielo como si hubiera metido un gol.

—Excelente, pero no lo celebres tanto. Todavía no hemos terminado. Vamos a hacer cinco combates. Aunque sí, el primero es tuyo —sentenció Kaleido.

El segundo combate Marcos lo inició con la misma determinación que el anterior y, además, con la confianza de sentirse ganador. Sin embargo, o tal vez por eso, comenzó a hacer gestos de frustración cada vez que realizaba un ataque y fallaba o era repelido por su rival. En una de esas desconexiones mentales en las que Marcos se estaba quejando en voz alta, el rival se revolvió rápidamente y le asestó una estocada tremenda en las costillas que hizo caer a Marcos al suelo sin respiración, e incluso escupir sangre.

—Un combate a uno —exclamó Kaleido.

—Has perdido tú este combate. Además, tal cual suena: lo has perdido tú —dictaminó Lasio.

Marcos aún estaba retorciéndose en el suelo tras el fuerte golpe en las costillas.

—¿Por qué dices eso? —preguntó mientras apretaba los dientes para soportar el dolor.

—¿Que por qué digo eso? En mi vida he visto nada semejante a lo que acabas de hacer. Nunca vi a un gladiador quejarse porque un ataque no tuviera éxito. Jamás.

—Se llama autoexigencia. Y en la élite, al menos de donde yo vengo, es vital para llegar a lo más alto —replicó Marcos.

—¿Autoexigencia? Yo lo llamo soberbia. ¿Pero qué esperabas? ¿Pero quién te crees que eres? ¿De verdad crees que todos tus ataques tienen que acabar en un golpe al rival? Qué equivocado estás. Esa no es la mentalidad del gladiador. Frente a ti hay un rival tan bueno como tú que puede defenderse con éxito aunque tú hagas un buen ataque. O tú puedes hacer un ataque creyendo que va a ser bueno y equivocarte. Eso le pasa al mejor gladiador. Ahora bien, te digo lo que no le pasa al mejor gladiador: no se pone a lamentarse con gestos corporales y en voz alta. ¿Pero dónde se ha visto eso? El gladiador sigue atacando porque sabe que es normal. Sabe que tendrá que hacer muchos ataques hasta acertar, pero también es consciente de que, cuando lo consiga, prácticamente tiene el éxito en sus manos. Él busca ese acierto, no está pendiente del resto. Y tal vez, para que llegue, necesita veinte ataques. ¿Y qué? Nunca se sabe cuál será el ataque ganador, lo que hay que hacer es embestir con todo, rehacerse rápido y seguir intentándolo. Incluso podemos ir más lejos y pensar que cada ataque infructuoso nos está acercando más al definitivo. Si lo vemos así, no hay nada que lamentar.

Marcos se dio cuenta de que arrastraba esa conducta de su época como jugador de fútbol. Él sentía que cada ocasión de gol tenía que acabar dentro de la portería, y se iba haciendo pequeño cada vez que no lo lograba. Recordaba unas palabras que su padre le dijo el día que iba a debutar en Primera División: «Marcos, has llegado a lo más alto. Si quieres mantenerte ahí, ocasión que tengas, ocasión que tiene que ir para dentro de la portería. Ese es el nivel de exigencia para permanecer en lo más alto». ¡Qué mentalidad tan equivocada! Marcos aprendió posteriormente que incluso, al más alto nivel, los delanteros conseguían anotar una o dos de cada diez ocasiones de que disponían. Eso se ajustaba mucho más a la mentalidad de gladiador: este busca, busca y busca ataques, y sabe que con uno bueno puede ser suficiente. ¡Hay que perseguir el acierto con ahínco! ¡Dos, tres o veinte ataques sin éxito no determinan el siguiente! Cada uno es único y hay que ir con él al cien por cien.

—Gracias por tu aportación, Lasio. Entendido, y no va a volver a pasar.

—Humildad, amigo mío. No hay ni un solo guerrero al que le baste con un ataque para vencer a sus rivales. Ni uno. Hay guerreros muy grandes, míticos, pero lo son porque siempre ganaban, no porque ganaran fácilmente o a la primera. Para vencer hay que esforzarse al máximo y hay que persistir y buscar esa victoria con ahínco.

—Vamos a por el siguiente. Por mí, cuando queráis.

—La vena competitiva de Marcos estaba completamente

desbocada. Estaba disfrutando mucho del entrenamiento a pesar del riesgo y de ser golpeado.

Tras un total de cinco combates de máxima exigencia e intensidad, ambos gladiadores terminaron agotados la mañana. Marcos ganó cuatro de las luchas y se sintió muy reforzado en su autoestima.

—¿Te das cuenta? Sabes luchar. Sabes cómo hacerlo. El entrenamiento que teníamos que hacer contigo no era de enseñarte a luchar. Eso lo llevas dentro y únicamente hay que dejar que salga. Lo que había que hacer era prepararte mentalmente, lo demás lo tienes dentro. Si eres capaz de mantener tu atención en el estímulo relevante de cada momento para darle a tu mente toda la información, estarás presente al cien por cien. Y ahí es donde ocurre la magia. Ahí es donde lo único que tienes que hacer es confiar en quién eres, en tu entrenamiento, lanzarte mensajes de apoyo... y liberar a la bestia, dejar que salga.

—Estoy muy sorprendido de mí mismo. No sé de dónde me sale esta capacidad.

—Después de comer, te espero en la puerta del *ludus*. Nos vamos a pasear.

—Allí estaré. ¿Puedo retirarme?

—No. Ahora te quedas con Amón para hacer trabajo de levantamiento de peso.

Marcos estaba entusiasmado y finalizó su entrenamiento muy motivado. Sin embargo, cuando la actividad cesó, se dio cuenta de que en unos días, estaría, de verdad, combatiendo por su vida ante miles de personas. ¿Cuántas veces había utilizado la expresión «Esto es un partido a vida o muerte» con sus compañeros de equipo? ¿Vida o muerte? —se reía ahora—. Era un simple partido de fútbol. Uno con muchas cosas en juego, pero, desde luego, no la vida. Cuánto le gustaría poder vivir, de nuevo, esas experiencias con todos los conocimientos y vivencias que estaba adquiriendo.

CAPÍTULO XVI

El objetivo es reponerse de cada golpe

Entonces ¿qué? Hemos de organizar lo mejor posible lo que depende de nosotros y servirnos de las demás cosas tal como vienen.

Epicteto

Marcos y Lasio salieron de las murallas de la ciudad y comenzaron a andar por la playa.

—Marcus, sé que estás listo para combatir. Te considero preparado y, por momentos, veo que dejas que salga ese gran luchador que eres. Pero, al mismo tiempo, también me doy cuenta de que puedes haber olvidado muchos detalles necesarios sobre lo que sucede en la arena y quiero asegurarme de que recuerdas lo que te espera en una semana.

—No me acuerdo de nada. Me he dado cuenta de que sé combatir. No entiendo cómo es posible, pero sí, sé hacerlo. Pese a ello, no tengo ni idea de en qué va a consistir el evento de la próxima semana.

—Déjame que te recuerde: los *munera* se iniciarán con un desfile al frente del cual irá el editor. Es el hombre que corre con todos los gastos de los juegos y, normalmente, le compete decidir acerca de la vida y la muerte de los gladiadores. Detrás de él iréis todos los luchadores de ese día.

—Dijiste que era el público el que decidía sobre la vida y la muerte.

—Es el editor quien lo decide, pero casi siempre respetando lo que dice el público.

—¿Y en qué momento vota el público?

—Cuando uno de los gladiadores no puede más.

—Eso es muy relativo. ¿Cómo van a percibir ellos que un gladiador no puede más?

—Cuando un gladiador cae al suelo, aunque lo haga malherido, debe levantarse de nuevo. Una y otra vez. Hasta que esté exhausto y su cabeza no pueda tirar más de él. Los gladiadores estáis preparados para seguir, seguir y seguir. Por eso te hemos entrenado en situaciones tan adversas, amigo mío. Eso es lo que el público ama. Si el público percibe falta de valentía o de esfuerzo, no dudes que tu destino será la puerta *libitinensis*: la muerte.

—Pero, entonces, si mi rival cae al suelo exhausto y herido, ¿no he de ir a rematarlo para ganar?

—El gladiador que se ve sin fuerzas y derrotado ha de bajar las armas en señal de sumisión y esperar la decisión. El editor, tras escuchar lo que el público opina, decidirá entre conceder la *missio* ('el indulto') o la *iugula* ('la muerte').

—Entonces... el objetivo no es ganar el combate...; es gustarle al público, darle lo que quieren.

—Te equivocas. Ese es el error más grave que puedes cometer. Si crees que tu objetivo es gustar a los demás..., estás acabado.

—Tal y como lo has explicado, estoy acabado si no les gusto.

—Te lo estás tomando por el lado equivocado, amigo. Si buscas agradar al público, te garantizo que no serás tú mismo cuando salgas a combatir. No te dejarás llevar por tu instinto y no harás lo que demanda cada acción. Lucharás desde lo racional, desde el pensamiento. Y eso aumentará mucho la probabilidad de que pierdas y, encima, no gustes. Acabarás muerto.

—Entonces... ¿qué he de hacer?

—No depende de ti gustar al público.

—¿Entonces qué opciones tengo?

—Has de ser tú, amigo mío —Lasio sonaba mucho más cercano y menos duro que en todas las interacciones que Marcos había tenido con él desde que lo conoció—. Siendo tú mismo, aumentarás la probabilidad de ganar el combate porque estarás suelto y todo saldrá solo. El público no pide nada extraordinario. Lo único que exigen es que lo des todo, que seas valiente, que no te dediques a cumplir o a defenderte y esquivar golpes. Quieren a alguien valiente, que arriesgue, que se levante cada vez que se cae, que insista sin parar.

—Tienes razón, me olvido del público. Debo concentrarme en ganar el combate; si lo gano, no necesito al público para nada.

—Ganar el combate no depende de ti.

—Pero... ¿qué estás diciendo? Pues, si nada depende de mí, ¿para qué voy a ir? Matadme ya y punto.

—No es obsesionarte con la victoria lo que te ayudará a lograrla, sino el comportamiento en el día a día. Centrarse en el resultado lleva a la preocupación y la inquietud porque no da respuestas a la mente. Solo le dice que tiene que lograr alguna cosa, en este caso, ganar. Sin embargo, la atención en las conductas necesarias para llegar a ese resultado lleva a la ocupación, a la acción, a prestar atención en qué hay que hacer para aumentar las probabilidades de ganar.

—¿Qué conductas dependen de mí?

—Hay algunas que dependen de ti, que te hacen merecedor de la victoria y, por tanto, aumentan la probabilidad de que esta llegue. Te pregunto yo, dime, ¿qué es lo que depende de ti?

—Hacer más méritos que mi rival.

—Más méritos que tu rival... ¿Sabes lo que ha hecho o está haciendo tu rival?

—No.

—Entonces, ¿cómo vas a hacer más que él? Vuelves a dejar de fijarte en ti, amigo. Céntrate en ti. ¿Qué depende de ti y aumenta la probabilidad de victoria?

—Entrenarme al máximo cada día. Física y mentalmente.

—Correcto. A tu máximo. Sin compararte con nadie. Tu máximo real cada día. Hasta el límite.

—Sí. Eso me hace sentir bien conmigo mismo en el día a día y me da confianza.

—Eso lo estamos haciendo, te lo garantizo. Y eso te permitirá entrar a la arena sintiendo que mereces la victoria, pero no porque hayas entrenado más o menos que el rival, sino porque lo has hecho a tu máximo. ¿Entiendes?

—Sí.

—Vamos al día del combate. ¿Qué conductas dependen de ti en la lucha y aumentan la probabilidad de victoria?

—Justo lo que hemos hecho en el combate de hoy: poner todo mi esfuerzo en darle información al cerebro de lo que está pasando y después dejarme llevar, permitir que salga la bestia.

—Perfecto. Depende de ti llenar tu mente con los estímulos importantes del momento y dejar que actúe. ¿Cuáles son esos estímulos?

—El rival: su lenguaje no verbal, su respiración y los movimientos de las partes relevantes de su cuerpo.

—Eso es. ¿Qué más depende de ti?

—No querer forzar nada. Es el propio combate el que va generando situaciones y me va dando las soluciones. Yo seré capaz de ver esas soluciones si de verdad estoy inmerso y viviéndolo al cien por cien. Acción a acción.

—Correcto.

MENTALIDAD DE GLADIADOR

—Suspender todos mis juicios acerca de lo que pasa. Nada es bueno o malo. Mi trabajo es utilizar a mi favor lo que ocurra. Recibir un golpe y caer al suelo no tiene por qué ser malo si lo sé utilizar para contraatacar al rival desde ahí.

—Me gusta.

—Más cosas: no desear que todo vaya bien. Lo que he de desear, y he trabajado para ello, es ser capaz de hacer frente a todo lo que llegue. No es igual decirse a uno mismo «deseo que pase esto o que no pase esto otro» que «estoy preparado para hacer frente a lo que sea que pase».

—Efectivamente. Esa creencia pone el foco en ti y en tu preparación y tranquilizará a tu mente. Más cosas.

—Sí, y casi te diría, teniendo en cuenta cómo hemos iniciado esta conversación, que el único objetivo con el que debería afrontar el combate es con el de ser capaz de reponerme de cada golpe.

—Nunca había pensado ese objetivo. ¿Qué te ha llevado a él?

—Pues que has dicho que, si el gladiador lucha con honor, valentía y determinación, es muy probable que salve la vida. Dado que mis dos metas para el combate son ganarlo o salir con vida, creo que un objetivo más a corto plazo, centrado en mi conducta y que aumenta la probabilidad de que logre una de las dos metas es precisamente ese: reponerme de cada golpe. Ahí he de volcar todo el esfuerzo y las expectativas. ¿Por qué? Porque es un objetivo que, pase lo que pase durante el combate, se va a mantener vivo. Transcurra como transcurra, siempre lo puedo tener en la mente: mi objetivo es reponerme de todo golpe. Si este objetivo lo cumplo, aumento la probabilidad de ganar y, además, garantizo la de sobrevivir.

—Está muy bien razonado.

—Mi mente se acaba de calmar. Ya no me fijo en algo lejano y que no depende de mí. Ahora lo he traído aquí. Y me siento fuerte y capaz de cumplirlo. Mi objetivo es soportar todo lo que llegue. Como en el juramento. Me siento preparado. Lo voy a lograr.

—Lo tienes, pero me gustaría seguir con el razonamiento que teníamos porque también nos está dando una receta de todo lo que depende de ti y te ayudará a aumentar la probabilidad de ganar. Vamos a seguir construyéndola, habías dicho:

- Entrenarse al máximo de cada uno.
- Llenar la mente con lo que está sucediendo.
- Centrarse en los estímulos relevantes.
- No forzar nada: es el combate quien da la solución.
- Suspender los juicios. Utilizar en favor propio todo lo que ocurra.
- No desear que todo vaya bien, sino estar preparado para afrontar lo que pueda llegar. Reponerse de cada golpe.

Una vez recopilados todos esos puntos, preguntó:

—¿Tienes algo más?

—Gracias por el resumen. Sí, tengo algo más: tomar conciencia de mis pensamientos primitivos y dominarlos. Someter al carro de caballos. Yo soy el que los dirige. He de darme cuenta de qué pensamientos me ayudan y cuáles no lo hacen.

—Muy bien. Has entrenado para eso.

—Tengo más: segmentar el gran objetivo. Siempre puedo una más. Afronto el combate golpe a golpe.

—También tienes eso muy entrenado, Marcus. Puedes estar muy tranquilo al respecto. Recuerda: «Cuando crees que se ha acabado..., no ha hecho más que empezar».

—Eso es, tengo muy interiorizada esa frase y esa forma de afrontar los retos.

—Ya no hay nada más, ¿verdad?

—Sí, espera. Mostrar un lenguaje no verbal poderoso. Empezar con él y volver a él cada vez que pueda. Es mi ancla.

MENTALIDAD DE GLADIADOR

—Y eso nos lleva...

—A mi otra ancla. La respiración. Conectarme con ella me ayuda a estar presente y a dominar mi estado emocional.

—Bravo.

—Mantener mi nivel de agresividad en todo momento, pero una agresividad controlada.

—¿Cómo consigues eso?

—Con los pensamientos, la respiración y la tensión muscular.

—Bien. ¿Qué más?

—Saber quién quiero ser en cada momento.

—¿Eso lo tienes claro?

—He trabajado muchísimo en mis máximas y principios generales. Sé quién quiero ser como persona. Ahora me falta concretarlo en situaciones de combate.

—Exacto. Para eso te recomiendo que desarrolles un plan precombate y ahí concretes todos esos temas. ¿Qué puede pasar durante el combate? ¿Qué quiero hacer y cómo quiero pensar si eso sucede?

—Vale, me pondré a ello. —Se hizo el silencio durante unos segundos—. Sigue contándome lo que me espera el día del combate, por favor.

—Muy bien. El combate estará controlado por dos árbitros.

—¿Hay árbitros? No me lo puedo creer.

—Pues claro, ¿qué te sorprende tanto? Hay un árbitro principal que se llama *suma rudis* y un asistente, el *seconda rudis*. Llevarán una vara larga para separaros o castigar infracciones. El combate se iniciará cuando el *suma rudis* apunte al cielo con su vara y grite: «Pugnate».

—Entendido. Disculpa que vuelva atrás, pero yo me he quedado enganchado en el momento en que el público pide la muerte de un gladiador. ¿Quiere eso decir que lo tengo que matar a sangre fría? Una vez el público ha decidido la muerte, ¿qué hace el gladiador?

—Ese es el momento más importante para la honra de todos los gladiadores, y hay que saber llevarlo a cabo con firmeza de carácter. Hay que saber matar y saber morir.

—¿En qué consiste saber morir?

—De acuerdo con Cicerón y Séneca, para merecer el elogio hay que saber, principalmente, evitar el reflejo del último momento.

—¿Eso qué quiere decir?

—Quiere decir que tienes que evitar hacer lo que tu cerebro primitivo, que quiere que sobrevivas, te invitará a hacer, por ejemplo: oponer la mano a la espada, taparte el rostro, intentar ocultar el cuello, contraer los miembros o retirar la cabeza. Hay que ser capaces de presentar el cuello al adversario; dirigir contra uno mismo, si es necesario, la punta de la espada que la fatiga puede hacer que tiemble en la mano del vencedor; recibir finalmente el golpe, como dice Cicerón, «con todo el cuerpo».

Marcos detuvo el paso de forma repentina y se quedó paralizado. Tomó conciencia de que en unos días podría mirar de frente a la muerte, bien porque sería quien se expusiera a la espada del rival, o bien porque debería quitarle la vida a una persona. Cayó al suelo de rodillas mientras el vaivén de las olas le mojaba las piernas. Se llevó las manos a la cara y se tapó la nariz y la boca; los ojos abiertos como platos y la cara blanca. Lasio no dijo nada. Simplemente lo acompañó en ese momento. Estuvieron así cerca de media hora en la que Marcos se fue concienciando de lo que le esperaba. Finalmente, Lasio le ayudó a ponerse en pie y, en silencio, volvieron al *ludus*.

CAPÍTULO XVII

¿Qué se necesita para ser valiente?

Toda dificultad es una oportunidad para mirar adentro e invocar nuestros recursos internos. Los desafíos que enfrentamos nos muestran nuestras fortalezas. El sabio mira más allá del problema y busca la forma de sacarle provecho. Posees fuerzas de las que no eres consciente. Encuentra la adecuada. Úsala.
Epicteto

Vigila constantemente tus percepciones, ya que estás protegiendo algo nada despreciable: tu respeto, tu valía, tu templanza, tu serenidad. En una palabra, tu libertad.
Epicteto

Marcos continuó en estado de *shock* durante toda esa noche. Nunca había sido tan consciente de que podía morir en unos días. Todos sabemos que moriremos, pero hay algo dentro de nosotros que da por hecho que ese momento está lejano, que llegaremos a viejos, que no hay nada que temer. En cambio, él tenía claro que, en apenas unos días, iba a mirar cara a cara a la muerte. Y tendría que pelear por esquivarla. Tendría que enfrentarla si quería seguir con vida. En el momento que Lasio le explicó en la playa cómo afrontar la muerte y cómo dar muerte al otro gladiador, llegado el caso, pareció como si el resto de la charla no hubiera existido. Desde ese momento, el combate no era contra otro gladiador, era contra la muerte. Y Marcos deseaba con todas sus fuerzas seguir con vida, incluso aunque tuviera que continuar viviendo en ese mundo y ejerciendo de gladiador.

En el entrenamiento del día siguiente peleó con una agresividad nunca vista por los demás ni sentida por él mismo. Esa agresividad le proporcionaba una energía desmesurada con la que conseguía soportar y reponerse rápidamente de los golpes. Pero, por otro lado, ese exceso de energía le impedía fluir y precipitaba todos sus movimientos. Marcos perdió sus tres primeros combates con tres *secutor* diferentes.

—Está muerto de miedo —comentó Kaleido.

—Así es. Ayer fue un día un poco confuso para él.

—Hay que parar los combates. Habla con el chico o perderá toda su confianza hoy mismo —continuó Kaleido.

—¡Detened el combate! Continuaremos más tarde —ordenó Lasio—. Marcus, ven conmigo.

Lasio se llevó a Marcos al extremo opuesto de la zona de entrenamientos.

—Tienes miedo: o eres capaz de gestionarlo o será tu perdición.

—¡Claro que tengo miedo! ¿Hay alguien que no tenga miedo a morir?

—Lo desconozco.

—¿Cómo voy a perder el miedo a morir? ¡Yo no quiero morir!

—Vamos a analizar lo que está pasando aquí, por favor. En primer lugar, tu mente se ha ido del aquí y ahora, el día de hoy, el entrenamiento de hoy, cada golpe de cada combate. Y ha viajado al futuro. ¿Correcto?

—Sí.

—Y ese futuro es inventado, ¿verdad?

—No es inventado. Puedo morir.

—Cierto. Puedes morir. Podríamos decir que hay una probabilidad de uno entre diez de que mueras. Eso sería un dato. Un hecho.

—Eso es un hecho.

—Muy bien. Y ante ese hecho, ¿qué forma de pensar te ayudaría a encarar mejor la situación?

—Darle la vuelta. Mi cerebro primitivo se queda más tranquilo si lo que le digo es que hay una probabilidad de nueve entre diez de que sobreviva.

—Exacto. E incluso esa probabilidad puede ser de diez entre diez.

—¿Cómo?

—Ya lo hablamos ayer. Centrándote en todo lo que depende de ti. Si tú luchas como sabes y sigues intentándolo hasta el final, tal como has hecho en estos tres combates de hoy, lo normal es que salves la vida. No te garantizo que seas el ganador porque hay un rival, pero si das todo lo que tienes, te aseguro que volverás a estar salvado. En la charla de ayer hubo un momento en que te percibí muy poderoso, capaz y tranquilo. ¿Qué fue lo que te tranquilizó ayer?

—No pensar en ganar, perder o morir. Pensar que solo tengo un objetivo: reponerme de cada golpe recibido.

—Eso es. Recuerda nuestra conversación: si te centras en lo que puedes controlar, te sientes poderoso, te pones en acción, te ocupas; si te centras en todo lo que no depende de ti, te sientes indefenso, te paralizas, te preocupas. ¿Entiendes? Ocúpate de lo que depende de ti y mantén la convicción de que con esas conductas es muy probable que el resultado llegue. Eso te permitirá tener un día a día tranquilo siempre y cuando seas fiel a ese comportamiento y lo sigas con detalle y firmeza de forma continuada.

Marcos permanecía ausente, con la mirada fija en algún lugar. Lasio se acercó más a él y, por primera vez desde que

Marcos llegó a ese mundo, lo agarró amistosamente con el antebrazo por el cuello y lo atrajo hacia él. En ese momento Marcos rompió a llorar y Lasio lo abrazó y dejó que sacara todo. Así estuvo Marcos durante un par de minutos. Cuando se calmó, continuaron hablando:

—Venga, amigo, te estás demostrando que puedes con esto.

—Sí. Pero necesitaba sacarlo.

—Estoy muy orgulloso de ti, Marcus. Estás aquí con una misión personal y la estás cumpliendo. Sigue así.

A Marcos le dieron, de nuevo, ganas de llorar, pero cerró el puño y dio medio paso hacia delante. Las palabras de Lasio eran ciertas, podía estar muy orgulloso de sí mismo y de todos sus avances.

—Perdóname. Me he montado yo solo una película nefasta para mi bienestar mental. Desde ayer, estoy pensando no solo en que moriré, sino adelantándome al sufrimiento al elucubrar qué sentiré cuando la espada me atraviese el cuello.

—¿Película? No sé qué es eso, pero sí sé que te estás haciendo un daño sin sentido de manera voluntaria.

—Lo sé. Y asustando más a mi cerebro animal. De todas formas, toda esta conversación está muy bien y te doy la razón. Pero no quiero engañarte: no tengo ninguna duda de que el día del combate, en el anfiteatro, voy a estar aterrado.

—¿Quién te ha pedido que no lo estés?

—Tú. Ahora mismo acabas de parar el combate por mi miedo.

—He parado el combate porque lo utilizas mal. Mira, el día del combate, tú y todos los gladiadores vais a tener miedo. No va a depender de ti no tenerlo. Tú ahí no pintas nada. Tu cerebro primitivo sabe, tal y como me has dicho hace un instante, que puedes morir. Por eso, vas a estar asustado. Y no va a depender de ti que, de repente, se te acelere el corazón, te tiemblen la voz y las piernas, se tense todo tu cuerpo...

—¿Entonces? No te entiendo...

—¡Pues que las emociones llegan solas! ¡Y lo hacen para ayudarnos! ¡Ese miedo está ahí para ayudarte! ¡Es energía que te está dando el cerebro para que luches!

—Sí, eso es cierto. Hoy me he entrenado con una energía brutal. No sentía los golpes del rival..., pero, pese a ello, he perdido.

—Claro. Eso es lo que trato de explicarte: que el miedo es bueno, está ahí para ayudarte. Pero tú has de saber utilizarlo.

—¿Cómo lo utilizo?

—En primer lugar, sin permitir que los caballos se desboquen. Es cierto que no depende de ti que el miedo llegue o no, pero sí alimentarlo o dejarlo en una dosis correcta. Si te pasas toda la semana de antes del combate enviando a tu cerebro primitivo la idea de que vas a morir..., la energía que te dará el día de combate se te irá de las manos... Y, además, no te dejará descansar en toda la semana porque, cuando te vea tumbado en la cama, se preguntará «¿Qué haces ahí? ¡Podemos morir en unos días! ¡Haz algo!». Y te mantendrá en permanente estado de alerta.

—¿Qué puedo hacer?

—Confiar en ti. Saber que, efectivamente, puedes morir en unos días, pero lo más probable es que, si estás a tu nivel y haces lo que sabes, eso no ocurrirá. Convencerte, desde ya, de que tienes todo lo necesario para no morir en ese combate.

—Y, cuando el miedo coja carrerilla, puedo usar las técnicas de respiración y dominio del pensamiento para frenarlo.

—Exacto. Cuida mucho qué mensajes te lanzas a ti mismo. Presta mucha atención a qué mensajes te lanza tu cerebro primitivo, y dialoga con él tal como lo hemos hecho ahora tú y yo. Cuestiónalo. No le calles la boca sin dejar que se exprese. Permite que saque su preocupación y, en aquello que puedas rebatirle o calmarlo, hazlo así. Y en aquello que no puedas, simplemente dile que está preparado para afrontar todo lo que llegue. Que confías en él. Que puede hacerlo.

—Siempre había pensado que había que hacer lo contrario: que, cuando mi cerebro me trajera mensajes de duda o miedo, tenía que quitarlos en seguida de la cabeza y sustituirlos por mensajes buenos y positivos.

—Eso sería correcto en el fragor de la batalla. Ahí no tienes tiempo de ponerte a pensar y dialogar contigo mismo, y siempre has de mantener una mentalidad fuerte y positiva. Pero fuera de la arena eso es insostenible. Esa forma de actuar solo genera malestar.

—Siempre pensé que un gladiador sería alguien imperturbable. Alguien a quien no le afectaba nada.

—Ja, ja, ja —rio Lasio—. Puede que no vayas desencaminado. Es alguien que domina su mente racional, pero a la primitiva sí le afectan las cosas. La diferencia del gladiador con la persona normal es que es capaz de tomar conciencia y dirigir su mente y su comportamiento para hacer, la mayoría de las veces, lo que él, no su mente primitiva, considera que es lo más apropiado.

—Nunca pensé que un gladiador tendría miedo.

—¡Es justo lo contrario! ¡Todos tienen miedo! ¡Y el que no tiene miedo se preocupa por no tenerlo y se lo autogenera! ¡El miedo es su gran aliado!

—Si dijeras eso en mi época, te llamarían loco. Allí siempre se habla de que hay que ser valiente.

—¿Tú sabes lo primero que se necesita para poder ser valiente?

—¿Determinación?

—Miedo.

—¿Miedo?

—Claro. ¿Cómo vas a ser valiente sin miedo? Es imposible. Son dos caras de la misma moneda. No puede existir el uno sin el otro. No es viable. El valiente es aquel que, con la presencia de miedo, hace lo que tiene que hacer.

—Y el cobarde es aquel que ante el miedo se paraliza.

—Correcto.

—Acabas de darle la vuelta a todo mi planteamiento, Lasio. Me pasé la noche intentando, en vano, hacer desaparecer mi miedo. Con esto que tú me dices, he de dejar de luchar contra él. Lo que he de hacer es utilizarlo a mi favor.

—Y ahora la pregunta es: ¿cómo puedes utilizarlo a tu favor?

—En el día a día, utilizando la energía que me da para entrenarme a tope y a mi mejor nivel. Y en el día de combate, para luchar con agresividad y determinación, pero, a la vez, manteniéndolo en la intensidad justa para que no me impida dudar de mi capacidad ni me aleje de fluir con el combate.

—Lo has entendido todo. Ahora dime: ¿te ves capacitado para afrontar un combate contra cualquier rival?

—No has dicho ganar. Has dicho afrontar.

—Correcto.

—La respuesta es sí. Me veo capacitado para plantarle cara a cualquiera.

—¿Y crees que eres merecedor de la victoria?

—Estoy trabajando muy muy duro y viviendo experiencias inimaginables. Creo que me lo merezco.

—Pues entonces eres imparable, Marcus. Cuando alguien se siente capaz de lograr aquello que busca y, además, siente que se lo merece..., nada le puede parar: persiste una y otra vez hasta que lo logra.

—Así será. Muchas gracias. Estoy listo para seguir entrenándome.

—Vamos a por ello.

Marcos no perdió ni uno solo de los siguientes combates de entrenamiento que se celebraron en el *ludus* durante los cinco días previos a los *munera*. Además, consiguió mantener un estado emocional de una cierta estabilidad, aunque, lógicamente, pasaba cada día por algún momento complicado. En esos lances difíciles Marcos no luchaba contra su mente. No intentaba forzar nada, únicamente la escuchaba y razonaba con ella.

CAPÍTULO XVIII

El momento sagrado

Es necesario tener un ideal que guía nuestros pensamientos y acciones, al igual que los marineros se guían por las constelaciones.

Séneca

Tú tienes el poder sobre tu mente, no los eventos externos. Entiende esto y encontrarás tu fuerza.

Marco Aurelio

La ingente cantidad de vino que tomó durante la cena ayudó a Marcos a encontrar el sueño, pero no a mantenerlo. Se despertó en innumerables ocasiones y, cuando conseguía volver a dormir, tenía sensación de que era en un sueño muy ligero. Una especie de vigilia permanente. Cada vez que se volvía a despertar, tenía imágenes de lo que podía suceder en unas horas, de los sufrimientos que le podrían esperar en el anfiteatro. Marcos se daba cuenta de ello, volvía a su respiración, trataba de tranquilizarse y, en efecto, lo conseguía, pero de nuevo caía en un sueño muy ligero.

En el último de sus despertares decidió renunciar a dormir y centrarse en el combate. Creyó que sería bueno repasar el plan, la estrategia. Se dedicó a visualizar posibles ataques del rival y sus opciones de respuesta defensiva y ofensiva.

Además, imaginó también cómo serían sus ataques teniendo en cuenta al enemigo que iba a tener frente a él.

Acabados los posibles escenarios de combate, Marcos decidió repasar quién quería ser él durante todo ese día. «¿Cómo quiero pensar y actuar en este día?» Esa pregunta le asaltaba. Y, como era demasiado genérica, comenzó a generar posibles situaciones que podrían darse y eso le sirvió para concretar: «¿Qué me quiero decir tras recibir el primer golpe? ¿Cómo quiero actuar cuando esté a las puertas del triunfo y tenga que rematar a mi rival? ¿Cómo actuaré ante las provocaciones? ¿Cómo voy a moverme por la arena? ¿Cómo reaccionaré si el público no está conmigo durante el combate? ¿A qué razón me agarraré cuando crea que no puedo más?...».

Por último, y ya cuando el sueño estaba a punto de encontrarle y no le dejaba pensar con claridad, Marcos se dedicó a reforzar su confianza en sí mismo recordándose sus cualidades con el tridente y la red: «Soy bueno —se convenció— y, si estoy concentrado y soporto los malos momentos cuando lleguen, voy a conseguir mi objetivo».

Tras hacer todo eso, Marcos sonrió, pero no por la confianza en que podía lograr su objetivo, sino por el hecho de que acababa de aprender una nueva lección: no hay que ir en busca del sueño, él te encuentra a ti. Durante toda la noche estaba preocupado por dormir y no cesaba en su empeño por lograrlo; sin embargo, el sueño no llegaba. Por el contrario, cuando decidió no buscar el sueño y concentrarse en otra cosa, la naturaleza siguió su curso y el sueño lo encontró a él. Las últimas horas sí logró el descanso que merecía.

Antes del amanecer, Lasio llamó a su puerta.

—Ha llegado el gran día, Marcus. Vamos a por él.

Marcos, sobresaltado, abrió los ojos. Se levantó de un salto de la cama. Se dio cuenta enseguida de que sus pensamientos automáticos le llevaban hacia «No me puedo creer que me esté pasando esto», «Puedo morir hoy de una forma violenta»... Pero fue capaz de rechazarlos y redirigir su mente. De nuevo la pregunta «¿Quién quiero ser?» estaba muy presente. Y, como respuesta, se centró en su lenguaje no verbal: mentón hacia arriba, pecho fuera, hombros atrás, brazos abiertos, puño cerrado. Y en la cabeza apareció un pensamiento: «Soy Marcus Liberto. Soy el elegido. Puedo todo y más». Le salió solo. No estaba ensayado.

Lasio entró en la habitación y se sorprendió con lo que contempló.

—Transmites determinación. Me gusta mucho lo que veo. Parece que has pasado una buena noche. Cuando acabes el desayuno, vamos a hacer algunos ejercicios ligeros de entrenamiento con Kaleido. Tras eso, tendrás algo de tiempo libre y después de comer nos dirigiremos al anfiteatro. Te dejo aquí en la puerta tu ropa de combate. Las armas te las daré al llegar.

—Dado que no he usado ni esa ropa ni esas armas en ningún entrenamiento, me gustaría entrenarme hoy con ellas para familiarizarme.

—Tiene sentido, amigo. Me parece buena idea. Ponte la ropa después de desayunar y en el entrenamiento te daré el tridente y la red.

—Perfecto.

—Me llevo el cinturón y te lo doy en el anfiteatro como siempre, ¿correcto? —Lasio se agachó y cogió un cinturón de cuero que a Marcos le pareció muy ancho.

—¿Y eso? ¿Por qué no me lo das ya, como el resto de la ropa?

—Siempre te gustaba ponértelo al final. Justo antes de salir a la arena. ¿No lo recuerdas?

—La verdad es que no sé de qué me hablas. ¿Puedes dejármelo un momento?

Lasio se lo lanzó. Marcos lo agarró en el aire y se sorprendió por su tamaño y peso. Pero lo que le dejó sin palabras fue el centro del cinturón. Allí se ensanchaba para superar la altura de su ombligo. Y pegado al cuero, en color dorado y de un tamaño considerable, vio el símbolo de su tatuaje desaparecido. El símbolo ancestral que significaba «Prueba superada. Nuevo nivel». ¿Cómo era posible?

—¿Qué te sorprende tanto? ¿Has recordado ya el ritual que hacías con él?

—No eso no lo recuerdo. Es este símbolo... ¿Por qué lo llevaba en el cinturón?

—No lo sé. Llegaste aquí con él. No había visto nunca ese símbolo ni tampoco la importancia que le dabas al momento de ponerte el cinturón en cada combate.

—¿Qué hacía?

—Decías que era tu momento sagrado, tu momento de transformación; en el que te comprometías contigo mismo a dominar todo lo que dependía de ti, a ser quien querías ser, a dar instrucciones a tu cerebro de que aquí mandabas tú.

—Es como disfrazarse de superhéroe...

—¿Cómo dices?

—Que entiendo que es como el momento en que te conviertes en ese que quieres ser.

—Y tú, ¿quién quieres ser hoy?

—La pregunta ha cambiado, Lasio. Ahora no es quién quiero ser, sino quién voy a ser desde el momento en que me ponga ese cinturón.

—¿Quién vas a ser?

MENTALIDAD DE GLADIADOR

—Voy a ser el elegido. Voy a transformarme en mi *alter ego*. Voy a ser Marcus Liberto. Voy a ser un gladiador preparado para todo. Voy a buscar la victoria. Voy a ser despiadado e implacable con el rival. Voy a ser mi mejor amigo en la arena y me voy a apoyar en cada momento. Voy a dominar mi pensamiento primitivo. Voy a estar preparado para creer en todo momento que voy a conseguir mi objetivo, aunque las cosas se pongan feas y no todo vaya perfecto. Voy a dejarme llevar por lo que requiere la lucha en cada momento, voy a fluir. Voy a mantener una pose poderosa y una cara de determinación. Voy a apretar fuerte el tridente con el puño sintiendo la energía. Voy a decir que sí con la cabeza. Voy a transmitirle al rival que no tiene nada que hacer. Todo esto lo decido yo. Y el momento de adquirir ese compromiso conmigo mismo será cuando me ponga el cinturón.

—Bravo. —Lasio comenzó a aplaudir mientras miraba a Marcos con cara de estupefacción. Cejas hacia arriba, boca apretada y gestos de asentimiento con la cabeza—. Sabía que estabas listo, pero esta no me la vi venir. Enhorabuena. Ahora basta de cháchara y vamos a desayunar, el tiempo apremia.

Tras el desayuno, Marcos acudió a su habitación a por la ropa de combate. Allí estaba todo salvo el cinturón. La armadura era impresionante. Tenía los dos guardabrazos. El derecho, el del brazo con el que sostenía la red, constaba de una especie de muñequera de bronce que se prolongaba por un extremo hasta los nudillos a modo de guante y, por el otro, casi hasta el codo. El guardabrazos izquierdo era impresionante. También de bronce dorado, subía hasta el hombro y sobresalía de este para poder cubrir el cuello. Las protecciones de las piernas, también de bronce dorado, subían hasta algo más arriba de las rodillas. El torso quedaba desnudo y a la altura del cinturón comenzaba una especie de falda que dejaba libre la parte delantera como una pequeña cortina y permitía observar un calzoncillo en forma de escamas de plata que hacía las veces de protección. Marcos se sintió muy bien dentro del traje. Podría decirse que ahí comenzó la primera parte de su transformación.

Salió a la zona de entrenamiento, donde le aguardaba Lasio con las armas. El tridente lucía majestuoso. Tenía las puntas doradas y no eran rectas como las de los tridentes con los que Marcos se entrenaba. Las puntas iban haciendo ondas hasta llegar al final, en forma de flecha afilada. Era un tridente espectacular. La red era de malla de oro con hilos resplandecientes que parecían reflejar la luz del sol.

Marcos realizó un entrenamiento ligero junto a Kaleido y otros cuatro gladiadores del *ludus* que también competían ese día. Se encontró ágil, fresco, ligero y potente. Tuvo muy buenas sensaciones y, además, se sintió muy cómodo con la ropa de combate.

Tras la comida Marcos se subió a un carro junto con Kaleido y los cuatro gladiadores y comenzaron su camino hacia el anfiteatro. Nadie hablaba. Solo se oía el choque de las ruedas y las pezuñas de los caballos contra la calzada.

Conforme el carro se acercaba al anfiteatro, las calles se iban llenando de personas ansiosas de contemplar el espectáculo. El carro se detuvo en un callejón. Los gladiadores debían completar el trayecto andando. A ambos lados de la calzada se oía el clamor de la gente. Personas que admiraban y temían a los gladiadores se congregaron para observar a los combatientes de ese día. Algunos lanzaban gritos de ánimo mientras otros permanecían en silencio observando.

Los gladiadores, sin embargo, avanzaban con una calma serena, conscientes del desafío que les aguardaba en la arena, pero también de la oportunidad de gloria y honor que se les presentaba. Con cada paso, la determinación de Marcos se fortalecía alimentada por el rugido de la multitud y la certeza de que estaba destinado a cumplir con su misión. Todos buscaban el gran logro: la *rudis*, la libertad. A su modo, Marcos buscaba lo mismo: escapar de aquella época, demostrarse a sí mismo que había superado la prueba que los dioses habían definido para él en aquel lugar. Era el auténtico momento de la verdad.

El anfiteatro lucía majestuoso. Marcos no pudo evitar mirarlo con fascinación. Por primera vez en todo ese tiempo se sintió un privilegiado. Estaba contemplando algo que nadie de su época era capaz ni de soñar. Estaba siendo testigo directo de algo histórico. El ambiente alrededor del anfiteatro era muy similar al que Marcos conocía del fútbol profesional: mucho bullicio alrededor del estadio, personas bebiendo con amigos y divirtiéndose antes de entrar al espectáculo.

Accedieron al anfiteatro por una puerta en forma de arco.

—Por aquí —indicó con la mano Kaleido a sus gladiadores—. En el primer pasillo a la izquierda está nuestra celda de preparación.

—¿Podemos hacer un calentamiento en la arena antes de empezar? —preguntó Marcos.

—¿Qué dices, insensato? La arena es el lugar sagrado. El calentamiento lo haremos aquí, en estos pasillos.

—¿Me permites ahora simplemente asomarme?

—¿Por qué dices cosas tan raras? Sigo sin apostar por ti. Pero está bien. Te acompañaré hasta la puerta de acceso a la arena y te asomas desde ella.

Marcos siguió a Kaleido por los pasillos del anfiteatro hasta llegar a un arco de medio punto desde el que comenzaba una rampa hacia abajo que desembocaba en la arena. Respiró al inicio del trayecto y comenzó a recorrerlo acariciando con la mano derecha la pared mientras bajaba. Trataba de llenarse con el aquí y ahora. Al finalizar la rampa observó la majestuosidad del anfiteatro desde dentro. Era sencillamente increíble. En ese momento todavía no había nadie, pero calculó que más de diez mil personas cabrían allí dentro. Diez mil personas chillando y, tal vez, pidiendo su muerte. Sonrió. ¿Cuántas veces se había dicho en un partido de fútbol que era a vida o muerte, que había que darlo todo y morir en el campo? Esa vez sí era real.

—Ya está bien, Marcus. Volvamos dentro. Nos cambiamos y comenzamos a calentar —Kaleido interrumpió sus pensamientos.

Marcos sintió de golpe un cosquilleo en las piernas y una sensación que nacía en la boca del estómago e iba a parar a la garganta.

—Vale, vale —contestó—. Déjame solo dar un último vistazo. ¿Qué hacen allí aquellos músicos?

—¿De verdad no te acuerdas de nada? Son los encargados de dar una emoción extra a los combates.

—¿Qué quieres decir?

—Cuando los gladiadores entréis en la arena, sonará una música. Y también lo hará en los momentos más interesantes del combate.

—Está bien saberlo.

—Si tú lo dices... Venga, volvamos dentro.

CAPÍTULO XIX

El reto no es ganar, es afrontar

¿Preguntas qué es libertad? No temer a los hombres ni a los dioses, no desear algo deshonesto ni excesivo y tener el completo dominio de uno mismo.

Séneca

El hombre sabio mira el propósito de todas las acciones, no sus consecuencias. Los comienzos están en nuestra mano, pero la fortuna determinará el resultado, y eso no tiene ningún poder para cambiar mi veredicto sobre mí.

Séneca

Tras el calentamiento, Marcos deseaba un momento de soledad para refugiarse en su interior y repasar sus máximas. No era posible. Todo estaba en ebullición. Finalmente se dio cuenta de que, precisamente, ese era el reto: encontrar la calma en medio del huracán, ser el centro de ese huracán. Se mantuvo en pie en el centro de la celda-vestuario y decidió que ese sería el momento de transformación definitivo. Cogió el cinturón con ambas manos, una a cada lado del símbolo ancestral, lo observó y se repitió a sí mismo: «Solo me pondré este cinturón cuando no tenga ninguna duda sobre mi capacidad; cuando sepa que, pase lo que pase ahí fuera, voy a dominar mis impulsos animales y voy a mandar sobre mi mente primitiva; cuando esté convencido de que voy a buscar la victoria con todas mis fuerzas; cuando esté preparado para reponerme rápidamente de cualquier error o golpe del rival; cuando esté dispuesto a soportar los golpes y ver cada dificultad como una oportunidad que me pone a prueba, como un reto que hay que superar; cuando me sienta el elegido».

—¿Estoy preparado para comprometerme con todo esto? —se preguntó a sí mismo en voz alta.

Y se dio cuenta de que no, de que todavía había un atisbo de duda en él. Y entonces no se puso el cinturón. Lo volvió a dejar en el suelo. Levantó la cabeza, echó los hombros atrás, sacó pecho, apretó el puño, dio cinco enérgicos saltos llevando las rodillas hasta el pecho, volvió a poner su pose poderosa y se preguntó gritando:

—¿Estoy preparado para comprometerme a ser quien yo quiero ser? —Bajó el mentón, cerró los ojos. Respiró. Levantó de nuevo el mentón con los ojos cerrados mientras inhalaba aire. Al llegar arriba expiró, abrió los ojos y dijo—: Soy Marcus Liberto. El elegido. Puedo todo y más.

Y se puso el cinturón sintiéndose un auténtico elegido por los dioses.

—¡Todo el mundo en formación! —se oyó.

Había llegado la hora del desfile previo. Todos los gladiadores salieron en dos filas con la banda de música delante de ellos. Ese fue el primer momento en el que Marcos pudo ver a su rival, el *secutor* Tauro. Aunque lo habitual era desfilar sin el casco puesto, Tauro se lo dejó. El casco era un elemento de protección vital, pero el suyo, además, tenía una función intimidatoria. Era simple pero muy redondeado y se ajustaba a la perfección a su cabeza. A la altura de los ojos tenía dos grandes círculos que a Marcos le recordaban la típica cara con la que se representaba a los alienígenas en su época.

Tauro era ligeramente más bajo que Marcos, pero mucho más ancho y pesado que él. Sus brazos y piernas tenían más del doble de diámetro que los de Marcos. Como le había dicho Lasio, no tenía abdominales marcados, sino una capa de grasa en esa zona que le ayudaba a proteger sus órganos de las posibles estocadas del arma del rival. El escudo era rectangular y completamente rojo salvo en el centro, lugar en el que tenía adosado una especie de dragón de plata con una gran cabeza que sobresalía y le permitía golpear con él al rival y utilizarlo como un elemento más de ataque. En cuanto al *gladius*, a Marcos le sorprendió que tenía una hoja muy sucia y nada brillante. Recordó que esa era una táctica que algunos gladiadores despiadados utilizaban. No limpiaban sus espadas para que las heridas infligidas por ellas se infectaran con los restos de detritus procedentes de heridas de anteriores peleas.

El desfile tenía que llegar hasta el centro de la arena y, desde allí, los gladiadores debían saludar al público. Tauro dedicó todo el trayecto a insultar a Marcos y a decirle las zonas en las que iba a clavarle el *gladius*.

El anfiteatro era absolutamente espectacular y majestuoso. El ruido, ensordecedor. Estaba repleto de personas deseosas de que les ofreciesen un gran espectáculo y, tal vez, alguna que otra muerte cruel.

Durante el camino de vuelta a los vestuarios, Marcos tomó conciencia de su estado emocional: estaba nervioso. Bastante nervioso.

—Es normal que estés nervioso, Marcos. Es absolutamente normal —dialogaba consigo mismo sin fundirse con el pensamiento primitivo—. El cerebro te está dando energía para ayudarte. Ahora utilízala a tu favor. No dejes que se transforme en tensión. Sácala.

Mientras esperaba a que se iniciase el combate, Marcos comenzó a moverse: pequeños saltos cambiando el peso de una pierna a otra.

—Vamos, vamos, vamos —se repetía. Y finalmente gritó. Un grito fuerte y desgarrador con los brazos abiertos, los puños cerrados y mirando hacia el cielo—: Aaah...

Tauro se giró hacia él y rio a carcajadas.

Había llegado la hora. Su combate era el primero de los juegos.

Mientras llegaban al centro del recinto y se ponían a la altura del árbitro, Tauro seguía lanzando improperios a Marcos para tratar de hacerlo pequeño y acobardarlo:

—Mi objetivo no es ganarte, despojo, sino que mueras hoy, aquí mismo. No voy a permitirte ni un instante de lucha o contraataque. Va a ser todo tan rápido que el público va a pedir tu muerte en cuanto te venza. No vas a salir de aquí vivo. Espero que te hayas despedido de tus seres queridos —decía Tauro girado completamente hacia él mientras caminaba de lado.

A través del casco, la voz de Tauro sonaba metálica y un tanto robótica. Marcos se giró, miró a los círculos que delimitaban los ojos y se limitó a sonreír a su rival.

Llegaron al centro del anfiteatro. El árbitro miró a uno, al otro, subió la vara al cielo y gritó:

—*Pugnateeeeeeeee.*

El combate inició con un Tauro muy agresivo. Iba directo a tratar de punzar con el *gladius* a Marcos, quien esquivó hábilmente todas las embestidas y generó el primer murmullo de admiración en el público.

Tauro continuó atacando con mucha fuerza e impulsividad. Buscaba situarse muy cerca de Marcos mientras este, por el contrario, trataba de mantenerlo a distancia con su tridente. En uno de sus envites, Tauro realizó una maniobra distractora con su escudo e inmediatamente después y con una agilidad que Marcos no esperaba, saltó y dirigió su *gladius* directamente hacia su cuello. Marcos fue muy hábil para subir la hombrera y cubrirse con la protección de brazo, pero Tauro se dejó caer al suelo tras ese salto y lanzó una patada barredera que provocó que Marcos cayera a la arena de manera brusca y de espaldas. Los dos rivales estaban en el suelo, uno perpendicular al otro. Sin tiempo para más, Tauro subió la pierna derecha, la dejó caer con violencia y golpeó con el talón la boca del estómago de Marcos, quien quedó sin respiración. Aun así, Marcos fue capaz de vencer a su instinto, ese que le pedía acurrucarse en el suelo buscando el aire. Sabía que no tendría tiempo y Tauro le remataría, así que debía levantarse a la máxima velocidad aun sin respiración. Así lo hizo, se incorporó y retrocedió unos metros. Eso generó los primeros silbidos de desaprobación del público.

Tauro se levantó raudo y volvió al ataque de nuevo. Marcos todavía no había recuperado la respiración, por lo que le faltaban fuerzas y claridad de pensamiento para repeler las embestidas. Hizo lo que pudo, pero en una de ellas Tauro alcanzó a herirle en la pierna izquierda.

—Aaaaaaaaaaaag —gritó Marcos. Pero a la vez que gritaba conseguía realizar un movimiento hábil con su tridente para conseguir, al menos, alejar a Tauro.

Era un corte muy similar al que le había hecho Lasio entrenando.

Ver el corte en la pierna tuvo un efecto mágico en Marcos. Fue un momento de conexión con todo su entrenamiento. Lo que debería haber sido el peor momento se convirtió en el instante en que Marcos volvió a tomar conciencia de que estaba preparado para soportar todo lo que estaba viviendo. Había entrenado para eso. No sabía cómo iba a acabar el combate, pero sí que el reto no era ganarlo o perderlo, era hacerle frente. Y él le iba a hacer frente.

—Estás acabado, Marcos. —Marcos se sorprendió al oír por primera vez su nombre real—. Está siendo tan fácil como me lo había imaginado —afirmó Tauro.

—Me llamo Marcus —respondió—. Y, cuando crees que ha acabado, no ha hecho más que empezar. —Y realizó un gesto con el tridente que finalizó en una pose desafiante que volvió a encorajinar al público.

Tauro rio a carcajadas y retomó sus embestidas. En una de ellas, Marcos giró sobre sí mismo para esquivar el *gladius* y, al mismo tiempo, arrastró la red por el suelo y enredó las piernas de Tauro con ella. Rápidamente, y con el impulso del giro, tiró de la red e hizo que Tauro cayera al suelo de boca. Con un instinto animal desconocido por él mismo, Marcos giró el tridente dirigiendo las puntas al cielo, saltó de forma violenta y golpeó con el extremo del mango la parte posterior de la cabeza de Tauro, quien, del fuerte golpe recibido, golpeó la cabeza contra el suelo con extrema violencia.

Marcos quedó estupefacto durante unos segundos por su propia acción. Esos segundos fueron suficientes para que Tauro se rehiciese. Se levantó, aunque con el casco totalmente roto por la mitad exacta de la cara, sacudió la cabeza e hizo que lo que quedaba del casco cayera al suelo. Su cara era aterradora, la nariz arrugada con expresión de asco. Tenía el ceño fruncido y una mirada asesina brutal. Podría decirse que el golpe que había roto el casco, en lugar de generarle dudas, lo había enfurecido y hecho más fuerte. La imagen era tenebrosa: Tauro tenía la boca cubierta de sangre, las dos palas rotas por la mitad y mucha sangre que le corría por la frente y le inundaba la cara.

Marcos se centró en dominar el pensamiento y también las reacciones del cuerpo: se humedeció la boca, tomó el control de la respiración y apretó fuerte el mango del tridente para generar tensión positiva.

MENTALIDAD DE GLADIADOR

Tauro escupió sangre.

—Ahora es cuando te voy a destrozar. No sabes lo que has hecho.

Su voz era distinta, más humana, ya no tenía la distorsión generada por el metal.

—Creo que lo mejor para ti es rendirte, Tauro. Sabes que es imposible que me ganes hoy —replicó Marcos con mucha confianza en sus palabras.

Tauro se llenó de rabia y comenzó a atacar a Marcos desde su cerebro primitivo, pero sin ningún tipo de estrategia. Marcos esquivó dos golpes, detuvo un tercero con las protecciones de brazo y al cuarto lo vio claro: teniendo en cuenta el golpe previo, sabía que para continuar atacando con el *gladius*, Tauro necesitaba abrir el brazo y separarlo del cuerpo para coger fuerza. En cuanto eso ocurrió, Marcos atacó con su tridente con agresividad y clavó una de las puntas en el costado de Tauro.

—Aaaaaaaaag —gritó Tauro mientras caía al suelo apoyando una rodilla.

La herida no había tocado ningún órgano vital, pero sin duda era muy escandalosa y Tauro perdía mucha sangre.

—Levanta la mano en señal de rendición, Tauro —ordenó Marcos.

—No he cumplido mi misión y no me iré de aquí sin completarla —replicó Tauro.

Tauro encarnaba a la perfección los valores del gladiador. Era capaz de soportar los golpes y continuar intentándolo. De nuevo, se levantó y volvió a atacar con el *gladius*. Era impetuoso en sus movimientos, pero había perdido muchísima fuerza e impulso. En uno de sus ataques, Marcos fue capaz de envolver el *gladius* y la mano de Tauro con su red. Tiró fuerte de ella para atraerlo hacia sí y volver a clavarle el tridente en el pecho. Sin embargo, en cuanto inició su tirón, Tauro, en lugar de oponerse a él, se impulsó con fuerza hacia Marcos. Su *gladius* cayó al suelo, pero aprovechó todo ese impulso para saltar con agresividad hacia un lado esquivando el tridente y consiguió golpear con el escudo, muy violentamente, la cabeza de Marcos.

PUUUUUUUUUUMMMMM

Marcos sintió un fuerte golpe en la cabeza.

PIIIIIIIIIIIIIIIII

Marcos oyó un pitido agudo y perdió el sentido.

CAPÍTULO XX

Soy un gladiador

Todavía debo recordarme actuar según lo que recomiendo, y aun así no siempre sigo mis preceptos. Debemos tener nuestros principios listos para la práctica, tan interiorizados que nos vengan rápido en momentos de crisis.

Séneca

Los doctores mantienen sus bisturís y otros instrumentos a mano para las emergencias. Mantén tu filosofía a mano también.

Marco Aurelio

Sean cuales fueren las reglas morales que te has propuesto, respétalas como si fuesen leyes.

Epicteto

Marcos, sobresaltado, abrió los ojos. Por unos segundos, se quedó paralizado. Frente a él, una televisión apagada. Giró la cabeza hacia la izquierda y pudo ver a su novia, Susana, hablando con su padre, Julián.

—¡Ha despertado! —exclamó su padre.

—¡Marcos! —dijo Susana mientras se acercaba a abrazarlo con lágrimas en los ojos.

—¿Qué ha pasado? ¿Dónde estoy?

—Estás en el hospital. Perdiste el conocimiento en el choque de ayer por la noche contra el portero.

—¿Ayer? ¿Golpe con el portero?

—El médico nos dijo que es normal que tengas lagunas —aclaró su padre—. ¿Recuerdas? Anoche, en el partido contra el Portuario, fuiste a rematar un balón, chocaste con el portero y te diste un golpe fuerte en la cabeza que te dejó sin conocimiento.

—¿Anoche? Sé de qué me estás hablando, pero siento como si eso hubiese sucedido hace semanas.

—No. Han sido solo veinticuatro horas. ¿Te encuentras bien? —preguntó Susana—. Julián, por favor, avisa al médico de que Marcos ha despertado.

Julián salió a avisar al doctor de que su hijo había despertado.

Marcos seguía desorientado. No sentía ningún tipo de emoción. Su sensación no era, ni mucho menos, la de haber estado ausente únicamente veinticuatro horas. Y tampoco se sentía eufórico por haber vuelto a su época. Era todo muy confuso.

De repente, un pensamiento atravesó su mente, una idea, un recuerdo... Inmediatamente bajó la sabana que lo cubría de cintura para abajo. Marcos sentía la necesidad de mirarse la pierna izquierda. Allí encontró lo que buscaba. Sonrió cuando lo vio: el tatuaje que había desaparecido en su época de gladiador, el símbolo que luego reapareció en el cinturón, el símbolo ancestral del nuevo nivel, ese símbolo que había cobrado una nueva dimensión para él, un nuevo significado asociado a la gran vivencia experimentada por Marcos.

—¿Qué haces, Marcos? ¿Qué pasa? —preguntó su novia.

—No te vas a creer lo que he vivido en estas veinticuatro horas, Susana. Para mí han sido semanas.

—¿Por qué? ¿Sentías algo mientras estabas ausente?

En ese momento entró el doctor en la habitación. Sometió a Marcos a una serie de preguntas y pruebas para asegurarse de que todo estaba en orden. Pese a todo, le comunicó que

MENTALIDAD DE GLADIADOR

debía permanecer veinticuatro horas más en observación en la habitación del hospital.

—Necesito papel y bolígrafo, por favor. Tengo que apuntarme algo antes de que se me olvide —demandó Marcos.

—Ahora pido que te los traigan, Marcos —contestó el doctor—. Pero hazme caso: te vendrá muy bien descansar.

—Os va a parecer muy raro —dijo Marcos dirigiéndose a su novia y a su padre—, pero necesito que me dejéis solo. Yo os aviso por el móvil cuando podáis entrar, pero ahora necesito quedarme solo.

—¿Estás bien? —preguntó Susana—. Yo me quedo aquí, no te molestaré —dijo mirando al doctor, quien asintió con la cabeza.

—Estoy muy bien, realmente bien. —Por fin Marcos esbozaba una sonrisa de felicidad—. Pero necesito hacer algo que me hará sentir muchísimo mejor. Cuando acabe, entenderéis la razón y os explicaré todo. Dame un beso, Susana, y déjame a solas. Soy muy feliz de estar aquí.

Susana, Julián y el doctor salieron de la habitación, aunque su novia se asomaba cada tres minutos de reloj para reafirmar que todo estaba correcto. Cada vez que miraba por el hueco entreabierto de la puerta, veía a Marcos escribiendo sin parar.

En cuanto lo dejaron solo, Marcos cogió el bolígrafo y comenzó a escribir.

Mi nombre es Marcus Liberto y durante cinco semanas he sido un gladiador. He vivido, comido, entrenado y competido como tal. He aprendido lecciones únicas que me han ayudado a alcanzar una nueva visión de la vida. Quiero dejar escritas las enseñanzas que tan valiosa experiencia me ha aportado. Este escrito es mi compromiso. Estas son las reglas de acuerdo con las cuales voy a vivir. Estas enseñanzas, principios y reglas de vida me convertirán en la persona que quiero llegar a ser y todavía no soy. Estas quince máximas me proporcionarán una brújula que me indicará la conducta que debo seguir en cada situación de mi vida y, particularmente, en los momentos clave. Esta es mi mentalidad. Esta es la mentalidad de gladiador:

- **Máxima n.º 1:** Cuando, por más que te empeñes, no puedas cambiar una situación, solo te queda una salida: actuar sobre ti mismo, decidir quién quieres ser en esa situación y cómo la puedes emplear de una forma positiva para ti. Se trata de ganar la batalla interna para poder tener opciones de vencer en la externa.

- **Máxima n.º 2:** Pasa menos tiempo pensando en lo que deseas y más aprendiendo a desear lo que ya tienes ahora. Haz un esfuerzo por apreciar todo lo bueno que sí tienes en este momento.

- **Máxima n.º 3:** Solamente existe un momento en el que puedes vivir, y ese momento es ahora. No desperdicies tiempo pensando en lo que te deparará el futuro porque nunca lo sabrás. Mantén tu mente en este momento: el único en el que puedes actuar. No sacrifiques tu presente por la invención de un futuro oscuro que no sabes si llegará.

- **Máxima n.º 4:** Gestiona las situaciones conforme van llegando, una a una. Sin pensar en el final, porque muchas veces, cuando crees que ya ha terminado bajas la guardia y en realidad... no ha hecho más que empezar. Una a una. Puedes otra más. No te hagas pequeño a la hora de afrontar un gran reto; hazlo pequeño descomponiéndolo en pequeñas partes.

- **Máxima n.º 5:** Cuando la fatalidad te golpee, no desees que pare de hacerlo, eso no depende de ti. Desea desarrollar la fortaleza física y mental suficiente para enfrentarla y vencerla: eso sí depende de ti.
- **Máxima n.º 6:** No están bajo tu control los pensamientos que te lanza el cerebro primitivo. Sí lo está darte cuenta de si esa forma de pensar y de percibir la situación te ayuda a afrontarla de forma emocionalmente óptima. Céntrate en tomar conciencia de cómo estás respondiendo a lo que está sucediendo.
- **Máxima n.º 7:** Aprende a dominar tu mente animal: habla con ella, tranquilízala, ignórala si hace falta, pero, si te dejas llevar por ella, nunca alcanzarás tu verdadero límite físico ni mental. La mente animal busca sobrevivir y huye de cualquier sufrimiento real o inventado.
- **Máxima n.º 8:** No cometas el error de centrarte en la búsqueda del resultado. El foco debe estar en la mejora, en dominar el cuerpo y la mente cada vez más y mejor. Cada momento del día está lleno de oportunidades para realizar este entrenamiento.
- **Máxima n.º 9:** Cualquier cosa que hagas como un trámite para llegar a un fin te llevará al no disfrute y carecerá de sentido cuando eso que buscas no llegue. Cada tarea tiene un fin en sí misma. Vívela. Saboréala. Céntrate en el cómo. Disfrútala.
- **Máxima n.º 10:** Van a llegar golpes y adversidades. No te dediques a desear que no lleguen, tu deseo ha de ser estar preparado física y mentalmente para soportarlos y poder hacerles frente cuando lleguen.

- **Máxima n.º 11:** No hay excusas. Eres capaz de conseguir tu objetivo aunque no todo vaya perfecto. No necesitas que sea perfecto para ganar. Puedes cometer errores o no estar al cien por cien y, aun así, conseguir lo que te propongas.
- **Máxima n.º 12:** El camino se revela al andar. No puedes pretender verlo todo en tu mente para poder dar el primer paso. A veces hay que empezar, y ese primer paso es el que te permitirá ver otro conjunto de opciones. Al elegir una de ellas y tomarla, se te mostrará la siguiente opción... Y así hasta el fin de tus días. Céntrate en tomar una buena decisión en cada paso, el resto llegará solo.
- **Máxima n.º 13:** El gladiador no se lamenta cuando sus acciones no tienen éxito. El gladiador sabe que debe hacer muchos ataques hasta acertar. Busca ese acierto y entiende que el resto de las acciones son necesarias para llegar a él. Los guerreros míticos lo son porque conseguían lo que se proponían, no porque lo lograran fácilmente o al primer intento. Persiste.
- **Máxima n.º 14:** Céntrate en lo que depende de ti. Si te centras en lo que puedes controlar, te sientes poderoso, te pones en acción, te ocupas; si te centras en todo lo que no depende de ti, te sientes indefenso, te paralizas, te preocupas.
- **Máxima n.º 15:** La más importante. El resumen de todas. En todo momento o situación altamente emocional o difícil de gestionar, pregúntate a ti mismo: ¿Quién quieres ser en este momento?

Ahora sé cómo siente, cómo piensa y cómo actúa la persona que ya ha conseguido aquello que yo quiero lograr. Mi camino no es fácil, pero es claro. Yo he elegido quién quiero ser. Yo elijo ser Marcus Liberto. Yo elijo ser un gladiador.

Marcus Liberto

Sobre el autor

Juan Miguel Bernat (Valencia, 1978) es psicólogo e ingeniero de Caminos, Canales y Puertos; máster en Gestión de la Calidad y el Medio Ambiente y máster en Gestión Portuaria e Intermodalidad.

Tras once años desempeñando puestos de responsabilidad en el sector logístico-portuario, decidió dar un giro a su carrera para dedicarse a su pasión: la psicología enfocada al alto rendimiento.

Ha ejercido durante más de siete temporadas como psicólogo del primer equipo masculino del Levante UD, donde, además, ha dirigido el Departamento de Psicología para el Alto Rendimiento.

En el año 2013 fundó NEW LEVEL y desde entonces ha ayudado a cientos de deportistas de élite a desarrollar una personalidad resistente. Su misión actual es la de abrir al gran público los métodos utilizados por estos deportistas para entrenar su mente.

Además de la novela *Mentalidad de gladiador*, es autor de la primera novela del mercado sobre fútbol y psicología: *Jugador n.º 30: Cómo desarrollar una mentalidad de alto rendimiento*.

A su labor como psicólogo une su otra pasión: la docencia. Ejerce como profesor en másteres de la Universidad Politécnica de Valencia y la Universidad Europea Real Madrid.

Puedes conocerlo mejor a través de:
@juanbernates
www.newlevel.es

Brief
Editorial